FIND YOUR TEMPO

한국리더스포럼

FIND YOUR TEMPO (프로도 알려주지 않는 스윙 KNOW-HOW)

초판 1쇄 발행	2019년 3월 29일
지은이	이용희
펴낸이	정진이
펴낸곳	한국리더스포럼
디자인	박희숙
주소	(05330) 서울시 강동구 구천면로 262-6
전화번호	(02)486-0031
팩스	(02)486-0038
출판등록	2009년 8월 12일(제25100-2009-24호)
홈페이지	www.kleaders.com
인쇄 제본	(주)미광원색사
ISBN	979-11-87126-18-8 (03000)

이 책의 저작권은 한국리더스포럼에 있으며 저작권법에 따라 보호를 받는 저작물이므로 무단전재와 복제를 금지합니다.
또한 이 책 내용의 전부 또는 일부를 사용하려면 반드시 한국리더스포럼의 동의를 받아야 합니다.

> 독자의 의견을 기다립니다.
> 보내실 곳 kleaders@kleaders.com

값 18,000원

※ 한국리더스포럼은 독자 여러분의 의견을 환영합니다. 좋은 의견 이메일로 많이 보내주세요.

프로도 알려주지 않는 스윙 KNOW-HOW

FIND YOUR TEMPO

이용희 지음

한국리더스포럼

라운딩 준비

느긋하게, 부드럽게, 천천히
출발은 느긋하게
운전도 느긋하게
해장국도 느긋하게
그립은 부드럽게
백스윙도 부드럽게
다운스윙도 부드럽게
장타 날리는 파트너와 경쟁하지 말고
헤매는 앞조에게 짜증내지 말고
재촉하는 뒷조에게 분노하지 말고
느긋하게, 부드럽게, 천천히
느긋하게, 부드럽게, 천천히

| 프롤로그 |

요즈음 PGA 프로들의 경기를 보노라면 아마추어 골퍼로 골프를 친다는 것이 더없이 행복하다는 생각을 한다. 어마어마한 장타, 자로 잰듯한 정교한 아이언샷 그리고 숏게임과 퍼팅에 이르기까지 신의 경지에 이른 것 같은 기량에 감탄이 저절로 나오지만, 마지막 몇 홀을 남기고 1M도 안 되는 숏퍼팅의 실수로 다잡았던 우승을 놓치고 망연자실해 하는 프로의 모습을 보면서 프로가 안 된 것이 다행이라 생각한다.

30대 중반 우연한 기회에 골프를 시작해서 어쩌다 보니 이미 30년 이상 골프를 쳤는데, 아직도 골프를 어떻게 해야 잘 칠 수 있는지? 골프스윙이 왜 이렇게 어려운지? 에 대해 정확한 해답을 얻지 못하고 오늘은 정말로 잘 쳐봐야지 다짐을 단단히 하고 라운딩을 시작하지만, 홀이 지나갈수록 집중력이 흐트러지면서 어이없는 실수 몇 개로 스코어는 엉망이 되고 다음 홀부터는 정신을 차리고 잘 쳐야지 하는 혼자만의 다짐을 하다가 라운딩을 끝내곤 하는 것이 현실이다.

어깨너머로 보고 들으면서 배운 소위 동네골프이다 보니, 레슨과 연습을 통하여 스윙의 기본 메커니즘은 몸으로 익히지도 않고, 라운딩하면서 수없이 많은 시행착오를 겪으면서 터득한 나만의 골프를 즐기고 있었고, 라운딩을 나가면 동반자들과 게임에만 몰두하다 보니 골프스윙의 기본을 지키기보다는 스코어관리에만 신경을 쓰는 주말 골퍼로 변해가고 있었다.

요즈음은 프로의 레슨프로그램이 연중무휴로 방송되고 있고, 유튜브를 통하여 일류 프로들의 레슨 동영상을 언제든지 접할 수가 있어서, 특별히 프로에게 Lesson을 받지 않아도, 본인의 의지만 있으면 독자적인 스윙교정과 연습을 할 수 있다. 하지만 필자가 골프를 시작할 때는 한국어로 된 골프 교본도 귀했었고, 골프 동영상은 물론 TV레슨도 없었던 시절이었기에 선배들의 샷을 보면서 흉내 내고, 선배들이 한마디 해주면 따라 하면서 골프를 익히던 시절이었다.

그동안 30여 년 치다 보니 골프는 참으로 재미있는 운동이면서도 어려운 운동이라는 것을 새삼 실감하게 된다. 항상 같은 골프 코스에서 플레이하더라도 항상 같은 샷을 할 수가 없으며, 매번 샷을 할 때마다 마음도 다르다. 앞바람이 불 때와 뒷바람이 불 때, 볼이 놓여 있는 상황에 따라, 핀이 꽂혀 있는 상황에 따라, 코스의 모양에 따라 누구와 같이 라운딩하느냐에 따라 마음도 바뀌고 샷도 달라진다.

골프라는 운동에 완전 정복이 없는 이유가 바로 이 때문인 것 같다. 그렇기에 골프는 미스샷의 수와 범위를 줄이는 게임이라고도 얘기를 한다. 많은 골퍼들이 미스샷을 조금이라도 줄이기 위해 스윙을 교정하고 레슨을 받고 연습을 한다. 물론 아마추어 골퍼가 단기간에 스윙을 교정하는 것은 쉬운 일은 아니지만, 항상 기본 스윙 메커니즘을 익히면서 기초체력 훈련과 함께 열심히 연습한다면 훨씬 업그레이드된 골프를 할 수 있을 것이다.

필자는 최근 몇 년 사이 비거리도 줄어들고, 아이언샷의 정교함도 없어지고, 집중력도 떨어지면서 골프 구조조정의 필요성을 절실히 느끼고 있었다. 그동안 골프를 치면서 읽었던 골프 교본, 신문의 스크랩, 각종 프로 선수권대회에서 우승한 프로들이 전하는 Comments와 Tip들을 정리해 놓은 Notes, 그리고 TV 방송에서 방영된 각종 스윙비법들을 요약해 놓은 Notes 등을 다시 한 번 정리해 보는 시간을 가졌다.

골프의 스윙에 대한 기본이론과 연습방법 등에 대해 상세히 정리해 놓은 Notes를 다시 정리하다 보니 내 스윙을 스스로 돌아볼 수 있는 계기가 되었고, 내 스윙의 문제점을 집중적으로 점검하면서 스윙교정의 필요성을 절실하게 느끼게 되었다. 너무도 오랫동안 스윙의 기본개념을 망각한 채로 잘못된 스윙 습관임을 깨닫지도 못하고 골프를 치고 있었던 것이었다. 요즘은 스윙도 많이 교정되고 시니어 골프요령도 습득하면서 골프 구조조정이 마무리 단계에 접어들고 있어, 올해 봄 시즌부터는 다시 활기찬 골프를 할 수 있도록 마음을 가다듬고 있다.

골프스윙을 교정하고 스윙이론과 메커니즘을 정리하면서 필자가 골프를 치면서 아마추어로서 겪었던 수많은 시행착오와 작은 경험들이 새로이 골프를 시작하거나 골프로 고민하고 있는 많은 아마추어 골퍼 분들께 조금이나마 도움이 되었으면 좋겠다는 생각으로 이 책을 쓰기 시작하게 되었다.

특히 지난 30여 년간 PGA와 LPGA 프로, KPGA와 KLPGA 프로들이 전해주는 스윙의 Know-how와 각종 비법들(프로들끼리도 공유하지 않고, 레슨시에도 잘 가르쳐주지 않는 소위 영업비밀들)을 제4장 골프 스윙의 기본편, 제5장 Find Your Tempo, 제6장 Pro Golfer들이 알려주는 Knowhow 편에서 과감히 공개하면서 정리해 놓았다. 어떤 아마추어 골퍼라도 제4장, 제5장, 제6장만 마스터하면 프로처럼 정교하고 긴 장타를 날릴 수 있다고 확신한다.

한편 최근 골프 인구가 급증하면서 골프 에티켓이나 룰에 대한 숙지가 없이 골프 스윙만 익혀서 골프장에 나오는 골퍼들이 많이 있다. 또한 골프장에서 앞뒤 팀 간에, 또는 동반플레이어 간 룰과 에티켓을 어기는 사례가 많아 골프 분위기를 망치는 경우가 종종 있다.

우리 아마추어 골퍼들이 라운딩에 앞서 꼭 알아야 할 골프의 에티켓과 골프 룰에 대하여 정리하였다. 프로경기에서도 적지 않은 프로가 룰과 에티켓 위반으로 벌타도 받고, 실격처리가 되면서 아깝게 우승까지도 놓치는 경우를 자주 접하면서 골프 룰과 에티켓의 중요성을 새삼 느끼게 된다.

우리 아마추어 골퍼들도 골프 스윙의 숙달과 더불어 골프 룰과 에티켓을 좀 더 숙지하게 됨으로써 신사운동인 골프가 한층 더 즐거워지기를 바란다. 또한 새로 바뀌고 있는 여러 가지 골프 룰을 이해함으로써 골프 경기에서 불필요한 불이익을 당하지 않기를 바란다.

많은 아마추어 골퍼들이 생애 꼭 한번은 방문해보고 싶어하는 골프장이 있다. 퍼블릭 코스(Public Course)인 세인트앤드루스 올드 코스(St. Andrews Old Course)와 페블비치(Pebble Beach), 그리고 마스터스(Masters)가 열리는 Augusta National이다. 필자가 세인트앤드루스 올드 코스(St. Andrews Old Course)와 페블 비치(Pebble Beach)에서 라운딩한 경험과 마스터스를 참관했던 경험을 같이 기술하였다.

　또한, 세계 최고의 상금으로 유명한 페덱스컵의 유래와 경기 방식 등을 추가하였다. Fedex가 후원하는 지상 최대의 상금잔치로 PGA 투어 일정이 끝난 뒤에도 시즌 마지막까지 흥행을 위하여 2007년 창설되었으며, 우승자에게는 1,000만 달러의 상금을 줬었고, 2019년부터는 1,500만 달러의 상금을 준다.

　마지막으로 골프의 멘탈 게임의 중요성을 부각시켰다.

　골프에 대해 알면 알수록, 골프 스윙이 점점 어려워지고 심리적인 면이 더욱 중요하다는 것을 느끼게 된다. 어느 날 갑자기 골프의 모든 것을 터득한 것 같은 큰 성취감을 맛보았다가도 다음 날엔 다시 나락으로 떨어져 실망의 늪에 빠지는 것이 골프다. 수많은 실망과 좌절을 견디어 냈을 때, 한 단계 기술도 향상되고 멘탈도 강해지는 것이 또한 골프이다. 끝없는 도전과 인내심이 훌륭한 골퍼를 만든다.

　골프는 어느 다른 스포츠보다 정신적인 측면이 중요한 게임이다. 볼 앞에 서 있는 약간의 시간조차도 골퍼는 완벽한 스윙을 위해 수많은 갈등을 하면서 결정을 한다. 이러한 자신과의 멘탈 게임에서 이길 때에는 스윙도 더 좋아지고 라운드가 끝나도 피곤하지가 않다. 그러나 실패했을 때는 정신적으로도 상심하고 피로도 더 심하게 느껴진다. 왜냐하면, 본인 스스로밖에 자책할 것이 없기 때문이다.

그럼에도 불구하고 300야드가 넘는 장타를 치거나 롱퍼팅이 홀에 빨려 들어갈 때의 쾌감은 모든 골퍼를 흥분시키고 또다시 필드를 찾는 원동력이 된다.

이 책을 통하여 골프를 사랑하는 많은 아마추어 골퍼가 슬럼프에 빠졌을 때, 왠지 골프가 안 된다고 느낄 때, 좀 더 업그레이드된 스윙 교정을 하고 싶은 충동을 느낄 때, 각종 Trouble 샷에서의 요령이 생각이 안 날 때, 필자의 아마추어로서의 경험과 고민을 적어놓은 이 책이 많은 골퍼 여러분들이 자신감을 회복하고 골프를 다시 사랑할 수 있는 계기가 되기를 기대한다.

필자의 짧은 경험과 지식, 느낀 점을 토대로 집필하다 보니, 모든 아마추어 골퍼 분들께 보편 타당한 지침이 안될 수도 있음을 이해하고 읽어주길 바란다.

아울러 골프를 시작할 때부터 레슨프로가 가르쳐준 교습내용과 우승한 프로들이 전하는 우승비법, 언론에서 스크랩한 골프 스윙 방법, 골프칼럼, 각종 방송에서 보고 들은 내용 등을 정리해 놓은 나만의 노트를 참조해서 이 책을 쓰다 보니 일일이 출처를 밝힐 수 없었음을 양해 바란다.

젊은 시절부터 취미로 삼았던 골프를 아직까지 칠 수 있도록 건강을 지켜주시고 골프에 관한 책을 펴낼 수 있도록 인도해주신 주님의 은혜에 감사를 드린다. 특히 원고정리에 마지막까지 심혈을 기울여준 SK㈜의 손주연 양, 이상민 군에게 깊은 감사를 드린다. 편집과 교정에 세심한 신경을 써서 이 책이 나오게 해준 한국리더스포럼의 정진이 대표와 박희숙 디자이너와 편집인 여러분께도 감사의 뜻을 표한다. 그리고 오랜 세월 동안 나와 함께 골프를 하면서 나의 골프를 지켜보고 인내하며 가끔 충고도 해주었던(지금의 나의 골프를 있게 해 준) 수많은 나의 골프친구들(P, C, N, B, J, K, L, Y, H 등등)에게 진심으로 감사의 말씀을 전하면서 모두들 에이지슈터가 되어 건강하게 함께 라운딩할 수 있기를 바라는 마음을 전한다.

    마지막으로 나의 골프를 인내심을 갖고 말없이 불평 없이 지켜봐 주었고, 앞으로도 나와 함께 라운딩을 계속할 나의 골프파트너인 아내(내가 골프기술을 전수해주면서 골프를 시작했지만, 지금은 나보다 스윙이 더 좋아진)와 사랑하는 두 아들(좀더 젊어서 골프를 시작할 수 있도록 골프장으로 인도는 했지만, 아직도 비기너(Beginner) 골퍼인에게 작은 선물이 되었으면 한다.

2019년 3월 따뜻한 봄을 기다리며

스윙의 KEY

그립도 부드럽게

어깨도 부드럽게

백스윙 시 오른발 안쪽으로 체중을

충분한 왼쪽 어깨 TURNING

왼팔로 리드하는 다운스윙

오른팔을 옆구리로 붙여내리는 다운스윙

임팩트 시 머리는 공 뒤에

오른발이 완전히 들리는 피니시의 체중 이동

| 차례 |

프롤로그 … 05

KNOWHOW 01
Vienna에서의 골프입문 … 19

KNOWHOW 02
한국에서의 골프 … 25
   가. 부킹전쟁   28
   나. 한국 골프문화의 특징   29
       ① 외국인 친구의 한국골프 경험담   29
       ② 동반 플레이어에 대한 배려   31
   다. 내기 골프의 변천   34
   라. Business Golf   39
   마. 왜 많은 사람들이 골프를 치는가?   45
   바. 홀인원   51

KNOWHOW 03
꼭 알아두면 유용한 골프 규칙 … 53
   골프규칙 위반해서 벌타를 먹은 사례   57
   골프규칙을 잘 활용해서 유리하게 반전시킨 경우   62
       ① 미셸 위   62
       ② 타이거 우즈   63
   가. 에티켓(Etiquette : Behaviour on the Course)   64
   나. 용어의 정의(Definitions)   65

다. 플레이 규칙(The Rules of Play)	68
라. 새로운 선보이는 Golf Rule(2019년 1월 1일부터)	74
골프 에티켓을 어기면 벌타를 받을까?	79
마. 애매모호한 경우	81
바. 꼭 지켜주면 동반 플레이어 모두가 좋아하는 골프 매너	84

KNOWHOW 04

골프 스윙의 기본 ··· 87

가. Grip	90
나. Set up	91
① 스탠스	92
② 손의 위치	93
③ 어깨의 자세	94
④ Alignment(Aiming)	95
다. 스윙	95
① 백스윙	95
② 톱 어브 더 스윙(Top of the swing)	97
③ 다운스윙	98
④ 임팩트	102
⑤ 릴리스(Release)	104
⑥ 피니시	105
라. 장타를 치기 위해 아마추어 골퍼가 꼭 기억해야 할 원칙 10가지	108
마. 웨지샷과 어프로치샷	111
바. 퍼팅	113
퍼터의 선택	116

사. 연습장에서 무엇을 연습할 것인가?　　　　　　118
　　아. Trouble shot　　　　　　　　　　　　　　　123

KNOWHOW 05
Find Your Tempo　　　　　　　　　　　　　　… 133

KNOWHOW 06
Pro Golfer들이 알려주는 Knowhow　　　　　… 137
　(1) PGA 프로들과 라운딩　　　　　　　　　　138
　　가. Dave Barr　　　　　　　　　　　　　　144
　　나. Sonny Skinner　　　　　　　　　　　　145
　(2) 프로들이 알려주는 스윙 Tip　　　　　　　146
　　가. 나상욱 프로　　　　　　　　　　　　　146
　　나. 배상문 프로　　　　　　　　　　　　　150
　　다. 김효주 프로　　　　　　　　　　　　　154
　PGA 프로와 한컷　　　　　　　　　　　　　157
　LPGA 프로와 한컷　　　　　　　　　　　　158
　(3) KPGA, KLPGA 프로들이 공개하는 스윙 Knowhow　160
　　가. 김경태 프로　　　　　　　　　　　　　162
　　나. 박상현 프로　　　　　　　　　　　　　163
　　다. 이상희 프로　　　　　　　　　　　　　164
　　라. 황인춘 프로　　　　　　　　　　　　　167
　　마. 장하나 프로　　　　　　　　　　　　　169
　　바. 안신애 프로　　　　　　　　　　　　　171
　　사. 김보경 프로　　　　　　　　　　　　　172

아. 김민선 프로	175
자. 정일미 프로	175
KPGA 프로와 한컷	179
KLPGA 프로와 한컷	180
재미있었던 순간들①	182
재미있었던 순간들②	184
재미있었던 순간들③	186
(4) 골프 레슨의 허와 실	188

KNOWHOW 07

시니어 골프 ··· 191

고령화 시대의 조기진입으로 늘어나고 있는 에이지 슈트	200
고령화 시대 대비한 골프 파트너 확보 전략	202
고령화 시대를 맞아 시니어 골퍼로서 장수하는 비결은	205
시니어 골퍼 분들과 라운드를 할 경우에는 지켜야 할 바른 예의	206

KNOWHOW 08

세계 명문 골프클럽 방문기 ··· 209

가. 세인트앤드류스(St. Andrews) Old Course	210
나. 페블비치 Golf Resort	216
다. Masters 참관	227
아멘코너(Amen Corner)	233
라. 프랑스 오픈이 개최되는 골프내셔널의 알바트로스 코스 (Le Golf National, ALBATROS Course)	237
마. 턴베리 아일사 코스(Turnberry Ailsa Course)	238

KNOWHOW 09
페덱스컵 챔피언쉽 ··· **241**

가. 페덱스컵(FedeX Cup) 242
나. 도입 배경 243
다. 지금까지의 대회 운영 방식 243
라. 2018 페덱스컵 플레이오프 247
마. 향후 (2018~2019시즌) 대회 운영방식 248

KNOWHOW 10
PGA 4대 메이저 대회와 LPGA의 5대 메이저 대회 ··· **249**

가. PGA의 4대 메이저 대회 250
나. LPGA 5대 메이저 대회 252

KNOWHOW 11
골프 심리학 ··· **257**

가. 멘탈 게임 258
나. 골프 언중유골 267
다. 골프 10계명 270

KNOWHOW 01

Vienna
골프입문

KNOWHOW 01

Vienna에서의 골프입문

필자가 골프를 처음 접하게 된 것은 1985년 재경부 과장 시절 UN 파견근무를 받아 Austria Vienna 소재 UNIDO(UN Industrial Development Organization : 유엔공업개발기구)의 투자관리관으로 근무하면서이다. 1985년도의 한국의 골프여건은 지금과 비교하면 열악하기 그지없었다. 전국의 골프장이 100개가 안 되었고, 골프를 칠 수 있는 사람은 소수의 선택된 사람들만이 할 수 있는 상류층의 운동으로 여겨질 때이다.

물론 한국에서는 골프의 ㄱ자도 모르는 채 Vienna에 도착해서 UN근무가 시작되었다. 현지 정착하느라 6개월을 보내고 나니 어느덧 11월이 되었고, 그제서야 골프를 배우겠다는 생각이 들어 주변 지인들께 자문을 구하기 시작했다. 그 당시 영국을 제외하고는 유럽은 미국과 달리 골프가 그리 대중화된 운동은 아니어서 동네마다 테니스코트가 있어 테니스들을 많이 즐겼다.

Vienna에는 2~3개의 Private Golf Club이 있었고, 회원으로 가입해야만 골프장 입장이 가능한 Exclusive한 Private Country Club으로 운영되고 있었다. Private Club의 회원이 되면 가입한 컨트리 클럽의 멤버로서 Country Club에 가서 항상 Golf를 할 수 있었고, 회원들 간의 Competition도 참가할 수가 있었다.

집에서 가까이 있는 한 Private Club을 찾아 소속 Pro에게 상담하고, 골프 Lesson[주1]을 시작했다. 1주에 한 번씩 3주를 받고 났는데 폭설이 내리면서 골프장이 Close되고, 더 이상 Lesson이 어려워졌다. 생애 처음 받기 시작한[주2] Lesson을 미완성으로 마무리한 채, 이

주1) 그 당시 Lesson을 받고 Memo 해놓은 것을 다시 살펴보면, Ball은 왼쪽 발 안쪽에 놓고, 머리는 Ball 뒤에 두고, 왼쪽 팔 쭉 뻗어서 어깨를 90° 회전해서 Back swing하고, 체중 이동을 왼발에서 오른발 안쪽까지 해주고, Down swing시 다시 왼발로 체중을 이동하라고 되어있는 것을 보면, 세월이 흘렀어도 골프의 기본 스윙개념은 크게 변한 것이 없는 것 같다.

주2) 비엔나는 알프스산맥의 영향으로 겨울에 눈이 많이 오고, 보통 11월이면 눈이 오기 시작해서 이듬해 3, 4월이 되어야 눈이 멈추고 봄이 시작되었다. 눈이 한 번 오기 시작하면 2~3일 계속해서 내릴 경우도 많고 해서, 겨우내 쌓인 눈이 이듬해 봄이 되어야 녹기 시작한다. 산악지역을 지나는 도로에는 11월이 되면 도로 갓길에 3~4M에 달하는 붉은색과 흰색이 교차하는 Pole대를 세워서 폭설에 도로가 묻혀도 운전자가 도로를 벗어나지 않게 인도를 하고 있다. 시내에서는 많이 내리는 눈을 다 치울 수가 없어서, 눈 위에 염화칼슘과 돌 모래를 뿌려서 눈이 쌓이면 다시 염화칼슘과 돌 모래를 뿌리고, 눈이 또 쌓이고 해서 봄이 되어 도로에 눈이 다 녹아야 돌 모래 잔해도 치우게 된다.

듬해 봄이 되면서 Field에서 도전이 시작되었다.

다행히 UNIDO의 Golf 동아리가 Vienna 근처의 Private Club 과 협약을 맺어서 UNIDO Golf 동아리 회원이 되면 Private Club 회원 자격을 UNIDO에 근무하는 기간 동안 부여해주는 제도가 있었는데 1년 회비가 1,000$ 정도였기에 바로 가입을 하였다. 연회비를 내면 1년 동안 Green Fee 없이 Country Club 이용이 가능하였다. 물론 개인 Cart로 자기 골프백은 직접 끌고 Rounding을 해야 했었다.

Country Club에서 개최하는 Monthly Competition에 참가하면서 실력을 키워갔다. Competition 참가를 통해서 Golf Rule과 에티켓에 대해서도 많은 것을 배웠고, 같이 라운딩하는 Golf 선배, 동료, 후배에게서도 많은 것을 배웠다.

골프장이 자연 그대로의 환경을 살려서 만든 곳이라서 러프(Rough)도 많았고, 개천도 많고, 나무숲도 많아서 공도 많이 잃어버리고, 또 남이 잃어버린 공도 줍기도 하면서 라운딩을 했다. 레슨도 제대로 못 받고 골프 교본도 없이 Field에서 바로 시작한 골프이다 보니 수없이 많은 시행착오를 겪으면서 좌절과 낙심도 많이 하였다. OB 구역과 Water Hazard, 깊은 러프에 빠뜨려 잃어버린 공이 헤아릴 수 없이 많았고, 드라이버는 잘 쳐놓고는 뒤땅과 토핑 등으로 실패한 Game이 부지기수였고, Three 퍼팅은 물론 심지어 Four 퍼팅까지도 심심치 않게 하면서 인내심을 키웠고, 1M도 안 되는 Short Putting도 수없이 미스(Miss)하면서 많은 상실감을 느끼며 골프를 배웠다.

County Club이 자연친화적이다 보니 골프장 내로 사슴, 노루 등 동물이 자주 출현하고 이들 동물이 떠날 때를 기다려 Shot을 하고 했던 기억이 난다.

사냥시즌이 되면 사냥꾼들이 골프장 내까지 접근할 수 있어서 Golf 치는데 애로도 많았다. 사냥꾼들이 사냥감을 쫓아서 Field 내로 진입하면, Golfer는 샷을 멈추고 그들이 떠나기를 기다려야 하는데, 성급한 Golfer는 샷을 해서 서로 간의 다툼도 있곤 하던 생각이 난다.

Golf에 재미를 더해준 계기는 유럽 소재(Vienna, 제네바, 파리, 로마 등) 모든 UN기구가 참여하는 Golf 대회가 1년에 봄, 가을 두 번씩 개최되었고, 나도 UNIDO 대표선수로 UN Competition에 참가하면서이다. 우리 팀의 명예를 위하여 잘 쳐야 한다는 중압감에 연습도 많이 하고, 단체로 시합하는 곳으로 이동하였고, 시합하면서 회원들 간의 우의도 돈독해지고 팀워크도 강해지고 했었다.

그리고 한 달에 한 번 개최하는 Private Club의 Competition을 통하여 본인의 핸디캡을 인정받고, 줄여나가는 재미가 쏠쏠했다. 최고의 핸디캡을 갖고 시작했으니, 다달이 실력이 향상되면서 핸디캡도 줄고, 우승도 많이 하게 되었다.

자기 핸디캡에서 그날 자기가 친 Under Score의 합계를 30%만 인정해주어 신규 핸디캡을 인정해주는 것이 그 Country Club의 규칙이었다. 핸디캡 18인 사람이 84를 쳤다면, 6Under인데 이 중 30%만 신규 핸디에 반영되어 다음 달부터 그 사람의 핸디가 16이 되는 것이다.

다른 Private Club에 가서 Rounding을 하려면 핸디캡 인증서를 가지고 가야 입장이 되었다. 인증서가 없으면 입장이 안되었다. 한국에서 손님이 방문해서 Golf를 하려면, 한국 Golf Club에서 핸디캡 인증서를 제시해야 Rounding이 가능해서 그 당시 비엔나를 방문하는 분들 중에 골프하기를 원하시는 지인들에게는 미리 한국에서 핸디캡 인증서를 만들어서 가져오라는 부탁을 하곤 했었다.

그렇게 좌충우돌하면서 Vienna에서 3년 근무를 마치고 귀국할 때에는 70대 Score를 치는 Single이 되었고, Par5에서는 Second on도 되곤하여 Putting Eagle도 하는 경험을 하였다.

KNOWHOW 02

한국에서의 골프

KNOWHOW 02

한국에서의 골프

비엔나 근무를 마치고 88년 5월에 귀국하니 서울은 88올림픽 준비에 한창이었고, 레이크사이드CC, 제일CC, 뉴서울CC. 등 새로운 골프 Club들이 등장하고 올림픽 분위기에 편승해서 골프도 대중화의 길로 들어섰다.

재경부 과장으로 복귀하니, 친구와 동료들은 이제 골프에 입문하여 레슨과 연습에 열중하고 있었다. 소위 해외근무파들을 제외하면 주변 친구들이 주로 30대 후반이나 40대 초반의 나이였으니 이제 골프에 눈을 뜨기 시작할 때였다.

골프를 잘 친다는 소문이 과대포장 되면서 주변의 자칭 고수들이 도전장을 내밀었다. 그런 재야 고수들의 도전을 받으면서 흥분도 되고 스코어도 좋아지고 한국 골프에 적응하기 시작했다. 골프에 입문한 지 얼마 되지 않은 친구들이 필자와 한 번 라운딩하고자 줄을 이었었다.

한국에서의 골프는 새로운 골프의 시작이었다. 우선 골프장마다 캐디가 의무적으로 1인 1백으로 동반하게 되어 있었고, 너무 늦게 Play하면 뒷조로부터 빨리 가라는 독촉을 받게 되고, 담당 캐디들이 경기를 재촉하게 되어 사실상 외국에서와같이 편안한 Play를 할 수 있는 형편이 못 되었다. 또한 그린에 공이 올라가면, Player가 공을 집고 마크하고 해야 하는데 캐디가 공을 집고 닦아서 놓아주기까지 한다. Rule 위반으로 전부 벌타감이었다.

한국에 온 지 얼마 안 되어 라운딩 중 내가 친 볼이 러프에 들어갔는데, 주변을 찾아보다가 못 찾아서 원래 샷한 지점으로 돌아가서 치려고 하니 모두들 놀랐다. 공이 들어간 그 옆에 놓고 벌타 먹고 치란다. International Golf Rule에는 어긋나지만, 한국에서는 경기진행을 위하여 Local rule이 그렇게 되어 있단다.

또한 Hole컵에서 짧은 퍼팅을 남겨놓고 마크를 하니, Play시간이 늦어지니 Concede 준다고 공을 집어 올리란다. Short Putting 기회는 주어지지 않았고, 오히려 OK를 안 주면 영어 할 줄 모르냐고 비아냥거리는 경우가 많았다.

압축성장으로 중진국이 된 한국의 Golf Rule이 최근에 너무나도 신축적이고 너그럽게 변하고 있어서 진정한 Golf를 즐기는 맛이 줄어들고 있는 것이 안타깝게 느껴졌었다. 특히 Business Golf가 많아지면서 너무도 너그러워지는 Golf Rule에 대해 우리 모든 Golfer가 다시 한 번 짚고 넘어가봐야 하지 않는가 하는 생각이 든다.

가. 부킹전쟁

88년도 올림픽 분위기에 편승하며 골프 인구가 급증하다 보니, 골프장 Booking이 큰 이슈가 되던 시절이었다. 그 당시에는 토요일도 근무를 하던 시절이어서, 일요일에 모든 Golfer가 Field를 찾을 때이므로, 주말에 Booking을 하는 것이 정말로 어려울 때였다.

Public Club은 거의 없던 시절이어서 Membership을 갖고 있는 지인들을 통하여 Booking을 하던가, 소위 잘나가는 권력기관을 앞세워서 Booking을 하거나, 그것도 안 되면 뒷돈을 주고 Booking권을 사서 라운딩을 할 수밖에 없었다. Golf 약속은 한두 달 전 미리 해놓고 Booking을 못해서 Golf를 못 치게 되면 골프계에서는 신용을 잃어서 퇴출당할 수밖에 없었다. 특히 봄과 가을철에는 치열하게 Booking 전쟁이 벌어지곤 했다. 서울근교에 부킹이 안 되면 2~3시간 지방 Golf Club에라도 Booking을 해야 했다.

Booking 시간이 모자라다 보니, 당연히 Over Booking하는 골프장이 늘어났다. 일몰 시까지 18 Hole을 다 못치는 늦은 시간의 Tee Off 시간도 경쟁이 심했다. 일몰로 앞이 안 보이는데도 라이터 불을 켜면서 Ball을 치고 나가고, 동시에 2팀 8명이 드라이버 샷을 하면서 18홀을 마친 적도 있었다. 뿐만 아니라, 새벽 첫 팀 Tee Off 시간 이전에 부킹을 받아서 처음 1~2 Hole을 건너뛰고 라운딩을 했던 적도 있었다.

  비가 오나 눈이 오나 골프 취소는 있을 수 없는 일이었고, 눈이 오면 빨간 Ball로, 비가 와서 Ball이 떠내려가는데도 라운딩은 계속했었다. 요즈음은 비가 조금만 와도 Golf를 취소하는 Golfer들이 많고, 겨울이 되면 Close하는 골프장도 많지만 90년대까지도 어떠한 경우에도 골프 약속은 꼭 지켜야 하는 것이 Golfer의 중요한 덕목으로 여겨졌었다.

나. 한국 골프문화의 특징

① 외국인 친구의 한국골프 경험담

  오래전 미국에서 근무 시 친하게 지내던 미국인 친구가 한국을 방문해서 Golf를 친 적이 있다. 아마추어로서는 꽤 잘 치는 친구였는데 한국에서 첫 골프를 하고 놀란 점을 얘기하는데, 첫째 라운딩 시작 전에 모두 모여서 캐디와 함께 스트레칭 등 맨손체조를 하는 풍경에 놀랐단다. 각자 알아서 몸을 풀고 필요하면 연습 볼도 쳐보고, 퍼팅 연습도 하  는 것이 자기들 문화인데 군대훈련 하듯이 Tee Box 앞에 서서 운동하는 모습이 인상적이었단다.

둘째는 한국 Golf Rule이 매우 이해하기 어렵다는 것이다. 우선 1~2번 홀은 아직 몸이 안 풀렸다고 모두가 Par라고 Score를 적는 게 이해가 안 됐고, 티샷이 잘못됐을 때(OB나 Hazard 지역으로 날아갔을 때), 멀리건을 수시로 주면서 다시 Tee Shot을 하라고 하는데 놀랐단다.

Fairway에서는 아무런 죄책감도 없이 Ball을 옮겨서 좋은 자리에 Placing하고 치는 것도, 퍼팅그린에 올라가면 Ball을 캐디가 집고 닦아서 놓아주기까지 하는 모습도, 웬만한 짧은 거리 퍼팅은 모두가 OK 하면서 집어 드니 매 홀 Par나 보기는 기본인 Score Card를 보면서 놀랐다고 했다.

그 얘기를 들으니 우리 Golf 문화가 상당히 변질이 되면서 기본적인 Rule과 에티켓을 너무도 무시하는 경향으로 변화되고 있다는 것을 느낄 수 있었다. 그 미국인 친구에게는 당신이 한국에 온 손님이라서 손님에 대한 예우 차원에서 너그럽게 해준 것이니 감사하게 생각하라고 하면서, 다음 라운딩은 엄격한 International Rule에 따라 할 것이라고는 얘기했지만, 왠지 마음은 편치가 않았었다.

② 동반 플레이어에 대한 배려

요즈음 골프가 대중화되면서 초보 골프자들이 골프장을 많이 찾는다. 기본적인 스윙 메커니즘을 익힐 새도 없이, 더구나 기본적인 룰이나 에티켓에 대한 지식이 전혀 없는 상태에서 필드로 직행하는 골퍼들이 많다 보니 필드에서 동반 플레이어들에게 본의 아닌 민폐를 끼치게 되고, 캐디와의 갈등도 생기고 Slow play를 하다 보니 앞뒤 팀 간의 말다툼도 하게 된다.

골프는 리듬의 게임이다. 자기만의 스윙의 리듬감, 홀 간 이동시 리듬감, 동반자와의 리듬감, 앞뒤 팀 간의 리듬감 등 모두가 자연스럽게 흘러갈 때 샷도 좋아진다.

어느 초보 골퍼의 예를 들어보자. 티박스에서 드라이버샷을 하는데 좋은 샷이 나올 수가 없다. 앞에 Hazard가 있거나 좌우에 OB 구역이 있으면 여지없이 공은 사라지고 멀리건(Mulligan)을 친다.

드라이버샷이 어떻게 Fairway로 떨어져도 거리가 얼마 나지 않으니 세컨드샷은 무조건 Wood Shot을 한다. 미리 채를 몇 개 빼서 공 있는 지점으로 이동하면 좋을 텐데 공 앞에 가서 캐디에게 몇M 남았느냐고, 또 핀 방향은 어디냐고, 오르막인지 내리막인지를 묻고는 5번 우드를 가져다 달라고 한다. 동반 플레이어들은 시간이 늦어지니 동분서주 Shot이 빨라지고 리듬이 깨지면서 미스샷이 나오기 마련이다. 초보 골퍼 양반 우드샷이 잘 맞으면 다행이지만 토핑이 났는지 Fairway 바닥으로 굴러가다 멈춘다. 다시 볼 앞에 가서 캐디에게 몇M 남았느냐, 방향이 어디냐, 오르막이냐 내리막이냐를 묻고 5번 Iron을 가져다 달라고 하고, Iron Shot을 날린다.

그런데 이 샷마저도 그린 앞 벙커에 들어간다. 초보 골퍼다 보니 벙커샷이 제대로 될 리가 없다. 두세 타 만에 탈출해서 그린에 올라갔으나 퍼팅 거리감이 없다 보니 3퍼팅이다. 첫 홀부터 더블파를 기록하다 보니 본인도 힘들고, 동반 플레이어들은 시간에 쫓기다 보니 골프가 제대로 될 리가 없다. 캐디도 초보 골퍼에게 정신은 다 뺏기니 다른 플레이어는 퍼팅라인도 못 읽어준다. 초보 골퍼를 도와주면서 느긋하게 플레이하겠다고 다짐하고 시작했지만, 홀이 거듭될수록 빨리 라운딩을 마치고 싶은 마음뿐이다.

뒤 팀에 장타 치는 젊은 골퍼라도 따라오면, 볼이 머리 위를 날라와 앞으로 떨어지거나 아직 세컨드샷도 안 했는데 바로 뒤에 쿵하고 볼이 떨어지는 위험을 감수해야 하다 보니 앞뒤 팀 사이에 분쟁으로 발전되기도 한다. 이러한 초보 골퍼 말고도 어느 정도 구력과 실력을 갖춘 골퍼들 중에서도 그린에서 아무런 죄책감 없이 다른 플레이어의 퍼팅라인을 밟고 지나가고, 벙커에서도 발자국 정리는 안 하고 떠나서 뒤에서 플레이하는 사람들이 곤란을 겪게 하는 일이 비일비재하다.

　카트를 타고 플레이를 하는 경우 세컨드샷 하기 전에 미리미리 두세 개의 클럽을 가지고 가면, 볼 앞에 가서야 캐디를 불러서 클럽을 가져다 달라고 하는 시간을 절약할 수 있고, 어프로치샷에서도 퍼터와 샌드, 그리고 웨지 1~2개를 미리 챙겨 가지고 가면, 좀 더 정확한 거리와 Lie를 확인하고 그 상황에서 최선의 어프로치를 할 수 있게 되어 스코어도 좋아지고 시간도 절약될 수 있을 텐데, 아직도 많은 골퍼들이 캐디만 찾고, 잘 안 맞으면 자기 스윙이 잘못됐다는 생각을 않고 캐디가 거리를 잘못 불러주었다고 캐디 탓만 하고, 그린에서도 자기가 퍼팅을 잘못하고는 캐디가 Line을 잘못 알려주었다고 캐디 탓으로 돌리다 보니 라운딩 내 분위기가 썰렁해진다.

　골프를 새로이 시작하는 초보 골퍼들은 기본적인 스윙 기술과 에티켓과 골프 룰을 숙지하고 Field를 찾아주는 노력을 해야 할 것이고, 4인 카트 플레이가 보편화된 한국에서의 골프는 드라이버샷을 하고 나면, 세컨드샷에 필요한 채 2~3개를 미리 가지고 가서 플레이 시간을 절약함으로써 동반 플레이어 모두가 충분한 시간을 갖고 쾌적한 플레이를 할 수 있도록 배려를 하는 자세가 필요하다.

나만 생각하는 골프, 내 샷만 중요한 골프는 하려면 무인도에서 혼자 골프를 해야지, 왜 동반플레이어의 게임까지도 망치려고 하는가? 이제는 우리 아마추어 골퍼들도 동반플레이어를 배려하고, 앞뒤 팀을 배려하는 골프를 해야 할 때가 되었다.

다. 내기 골프의 변천

골프의 재미는 내기 골프가 그 맛을 더해준다고들 한다. 시대에 따라 내기 골프의 유행도 변천하고 있지만, 기본적인 내기는 Stroke Play라고 한다. 매 홀당 계산을 하면서 직전 Hole의 Loser는 배팅금액을 두 배로 올릴 수가 있고, 버디 할 때도 Double로 하면 판이 꽤 커져서 돈을 딴 친구는 캐디피도 내고, 그린피도 내고, 식사비도 낼수 있었다고 한다.

매 라운드가 끝나면 서로 그날 Score를 반영해서 Handicap을 조정해서, 친한 친구들 사이의 연말결산을 해보면, 비슷비슷해졌었다고 한다. 그 당시 Stroke Play를 즐겨 하던 친구 중 하나는 매번 라운딩할 때의 Score를 전부 기록하여 연말이 되면 연말정산 하듯 손익계산서로 공개하곤 했었다.

　Stroke Play의 단점은 경기 시간이 많이 지체될 수 있었고, 매 Hole마다 돈을 주고받는 것이 보기에도 안 좋고, 잃는 사람의 경우 어찌됐건 Rounding 후에 기분도 안 좋고, 잘 모르는 사람들끼리는 서로의 Handicap을 잘 모르니 치고 나면 Handicap을 속였다고 서로들 오해를 하기도 하곤 하여 Stroke Game은 점차 줄어들고 Liability가 한정되어 있는 Skins Game이 한때 유행을 했다.

　잘못 친 Hole은 포기하고, 다음 Hole이 잘하면 되고, 다 잃어도 다 따도 별로 부담이 안 되는 Game이다. 지금까지는 많이들 선호하는 Game으로 자리를 잡고 있다. 시대에 따라 고스톱 종류도 변하였듯이 Skins Game도 변하였는데, 한국이 OECD 가입 이후, 외환위기를 겪으면서 변형된 Skins Game인 OECD Rule이 등장하면서 한때 선풍적인 인기를 얻었었다.

　Skins Game으로 진행하면서 일정금액을 따면 OECD 가입이 되고, 그때부터는 오빠 따스해(OB, 벙커, 더블보기, 쓰리 퍼팅, 해저드)를 범할 경우 Penalty가 부과되어 먹은 돈을 토해내는 Game인데 IMF 구제금융을 받는 사회 분위기를 반영한 기가 막힌 Game으로, 한국인의 창조성을 Golf에서도 유감없이 발휘했었다.

IMF 외환위기를 벗어나고, 복지국가를 지향하면서 기상천외의 새로운 뽑기 Golf Game이 등장했다. Las Vegas라는 Hole Match Game(치는 순서에 따라 1, 4번과 2, 3번이 한편이 되어 Game을 하는 Hole match)이 변화되어, Hole을 마치고 난 후에 편 가르기를 해서 승부를 결정하는데, 뽑기 통에 Joker 표시가 된 봉 1개, 빨간색 표시 2개, 파란색 표시 2개를 넣고 4명이 뽑아서 편가르기를 하는데 Joker는 보통 그 Hole의 Best Score를 하거나, 보기 등으로 미리 정해놓고 하는 Game으로, 골프 치는 맛과 Hole이 끝날 때마다 뽑기를 하면서 쪼는 맛을 동시에 충족시켜줄 수 있고, 잘못 치고도 Joker를 뽑으면 승자가 될 수 있는 복지개념이 반영된 Game으로 이 또한 한국인의 창조성의 결과물이 아닌가 생각된다.

　　그리고 Winner takes all game인 조폭 게임은 아직도 심심치 않게들 하고 있다. 일정금액을 미리 걸어놓고 Hole Match를 하는데, 보기를 하면 지금까지 먹은 것의 ½을 토하고, 더블보기 하면 먹은 것 다 토하고, 버디하면 다른 사람 먹은 것까지 다 뺏어오는 Game이다. 조직폭력배들이 시장상인에게서 시장 질서유지비 명목으로 갹출해가던 모습에서 파생된 Game인데 마지막 Hole에서 버디를 하면 모두를 가져가는 All or Nothing Game으로 딴 사람이 그린피도 내고 밥도 사면서 웃을 수 있는 Game이다.

이 기회에 한국에서는 별로 유행하지 않는 Poker Golf를 소개하고자 한다. 필자가 90년대 중반 뉴욕 근무 시에 현지교민들에게서 들은 Game인데, 첫 홀 Tee Shot 하기 전에 1$씩을 걸고 시작한다.

첫 번째 Shot 이후에 배팅을 한다. 보통은 Double을 부를 수 있게 시작한다. 배팅을 하고 두 번째 Shot을 한 다음 Par 4 Hole이라면 On Green한 사람도 있을 수 있고, Hazard나 Bunker 등에 빠지는 수도 생긴다. 세 번째 Shot 전에 다시 배팅을 한다. Half 배팅이 허용된다면 4$를 걸 수가 있단다. 이런 방식으로 계속 판돈을 키워가서, 그 홀의 Winner가 전부 먹어가는 실제 Poker Game과 같이 Game이 진행된다고 한다.

판을 키우기를 좋아하는 사람은 2번 Hole은 기본 배팅이 지난번 Hole의 Half로 시작되고, 이런 식으로 Game이 진행되면, 간이 작아진 선수들의 어이없는 실수가 연발되고, Game은 예측불허로 진행되고, 1M 거리의 퍼팅을 남겨두고 실제로 4 Putting을 하기도 한다고 한다.

우리 한국사람들이 무척이나 내기를 좋아하지만, 미국의 Golf 매니아들은 정말로 내기를 좋아한다. 필자가 '95년도 미국 KEDO(Korea Energy Development Organization)에 근무할 당시에 우리 사무실에 미국 원자력 Engineer staff 한 분이 계셨는데,

Golf를 좋아해서 가끔 같이 Rounding을 하곤 했다.

그런데 봄만 되면 보름 동안 휴가를 내고 골프를 치러 머틀비치(사우스 캐롤라이나)로 가곤 하는 것이었다. 누구와 같이 보름 동안 골프를 치러가나 하고 궁금하기도 하고 해서 그 친구에게 누구랑 골프를 치냐고 물어봤더니 놀랍게도 골프 매니아 동호회가 있는데 100명이 회원으로 가입했다고 한다. 그리고 매년 1인당 10,000$의 참가비를 내고, 아마추어 동호인 Golf Competition을 개최하는데 1등 상금이 500,000$이고, 2등이 200,000$, 3등 100,000$ 등으로 상금을 준다. 웬만한 PGA 선수권대회 상금이 부럽지 않은 상금 수준이었다.

우승하기가 쉽지 않을 텐데 매년 회비 내는 돈이 아깝지 않느냐고 하니, 그 친구 답변이 Gambler답게 평생에 한 번만 우승하면 본전 다 찾는데, 손해 볼 것 없다고 한다. 그 친구의 배짱이 놀랍기도 하고 해서, 꼭 우승해서 자존심을 되찾기를 바란다고 격려해준 기억이 난다.

정말로 색다른 Game을 하나 소개하고자 한다. Match game으로 필자가 오스트리아 UNIDO 근무 시절에 내가 소속된 Country Club에서 행해지던 Game이었다. 일반 Match game과 똑같은 Game이지만, 생업에 바쁜 아마추어들의 시간을 감안해서, Club 소속 회원들 중 Match game 참가자가 신청을 하면 3개월 정도 매 주말 1:1 Match Play를 통하여 모든 회원 간의 Match가 진행된다.

지는 사람은 탈락하고, 이긴 사람은 다시 Match를 하고, 3개월 후쯤이면 결승참가자 2명만 남게 된다. 결승전이 진행되는 날은 전 Club 멤버가 다 나와서 응원을 한다. 18홀을 전원이 따라다니면서 매 Shot마다 희비를 함께 하며 Match Play로 진행하고 최종 우승자가 Club Champion으로 등극하게 되는 것이다. 우승자에게는 조그만 상품과 함께 트로피를 부상으로 주었다.

한국에 와서 동창회 Golf 동아리나, 각종 Golf 모임에서 1인당 참가비를 내고, 이러한 방식의 Match game을 해서 2~3개월 동안 1:1 개인전을 거쳐서 최종 우승자를 결정하자는 제안을 해봤으나 많은 분들이 관심을 표명했으나 시간 관계로 성사시키지는 못했다.

라. Business Golf

한국의 Golf는 Business와 함께 성장했다고 해도 과언이 아닐 것이다. 우리 세대에서는 대부분의 사람들이 Golf를 운동 삼아서 취미생활을 하기 위해 배우기보다는 Business를 잘하기 위한 하나의 수단으로 시작한 경우가 많았다.

직장에서 고위직에 올라가면서 Golf를 못 치면 같이 어울릴 기회가 줄어들고, 자연히 그 Community에서 소외될 수밖에 없었고, 개인사업을 하는 경우에도, 골프 접대를 잘하기 위하여서는 어느 정도의 골프 실력을 갖추어야 했기에 골프를 배우고 또 열심히 연습한다.

비즈니스 골프의 목적은 단순하다. 내 입장을 상대방이 이해하고, 공감할 수 있도록 개인적인 친분을 쌓는데 있다. 대가가 개입되는 뇌물이나 향응과는 다른 것이다. 요즈음은 접대를 위해 고급음식점이나 주점 등을 찾는 경우는 점차 줄어들고 있다고 한다. 대신 Business Golf를 선호하는 층이 는다고 한다. 비용도 상대적으로 적게 들고, 최소 대여섯 시간을 운동을 하면서 같이 보내기 때문에 서로를 이해할 수 있는 충분한 시간이 마련되기 때문이다. 시간과 비용을 들여 힘들게 Business Golf를 하면서 본래의 목적을 달성하기 위하여는 비즈니스 골프의 기본적인 원칙을 지켜야 한다.

그동안 한국은 압축성장 과정을 거치면서 소위 Business Golf가 점차 유행하게 되었는데 전설처럼 들리는 얘기 한 가지를 소개하고자 한다.

故 박정희 대통령 시절에 장관을 지낸 모 인사가 어느 날 사석에서 박 대통령께 "그동안 골프 치시면서 주변에 누가 제일 골프를 잘 치는 것 같습니까?"라는 질문을 하니, 한참 생각을 한 후에 Y모

씨를 제일 잘 치는 골퍼라고 대답을 했다고 한다. 그러니 질문한 사람은 Y모씨는 그렇게 잘 치는 Golfer라고 생각하는 사람이 아니어서, 어째서 그리 생각하시느냐고 재차 물어보게 되었단다. 그러니 박대통령께서 "그 사람은 내가 숲에 들어가면 같이 숲으로 치고, 내가 Bunker에 넣으면 같이 Bunker에 넣고 한다네. 스코어는 안 좋을지 몰라도 내가 보기에는 제일 고수가 Y모씨이네." 하더란다. Business Golf의 일면을 잘 표현했던 것 같다.

　Golf 접대하고 접대하는 손님에게 점수를 따기 위한 Business Golf 요령을 정리해 보았다.

　비즈니스 골프의 핵심은 내기에서 져주는 것도 아니고 엉터리 샷을 했는데도 나이스 샷이라고 함성을 지르는 것도 아니다. 이렇게 하면 오히려 역효과만 나온다. 상대방이 나에게 호감을 갖게 하고, 나라는 사람을 이해할 수 있게끔 하여 나에 대한 신뢰감을 갖도록 하는 것이다. 비즈니스 골프를 제대로 하려면

　첫째, 골프 코스에 오고 가는 편의를 제공해야 한다. 내가 운전해서 아침에 모시러 가는 것이 제일이다. 주말에는 길이 막히기 때문에 오고 가는 차 안에서 최소 3시간은 같이 이야기할 수 있다.

　둘째, Hazard나 OB구역이 많고 산악지형으로 소위 Up&down이 많아 Score가 높게 나오는 골프장을 선택하지 말고, Fairway가

좀 넓고 평평하면서도 약간의 난이도가 있는 골프장을 선택해야 한다. 너무 쉬운 골프장은 도전하는 재미를 떨어뜨린다.

셋째, 가능하다면 그 골프장의 A급 캐디를 확보하도록 하라. 캐디의 실력과 노련미가 Score를 5타 내외는 줄여줄 수 있고, 캐디의 역할이 라운딩의 성패를 좌우한다.

넷째, Game Money를 어느정도 준비해서 손님이 잘 치면 기분 좋아지고, 못 쳐도 기분상하지 않는 Skins game 등이 좋다. 특히 내기를 크게 하면 안 된다. 특히 스트로크 플레이(Stroke play)를 하면서 내기가 커지면 긴장하게 되고, 긴장해서 어이없는 실수가 나오고 하면 골프 분위기가 좋지 않게 되는 것이다.

다섯째, 플레이 도중에는 비즈니스와 관련된 이야기를 하지 말아야 한다. 골프를 치면서 비즈니스 이야기를 하면 듣는 사람 입장에서는 불쾌할 수 있다. 골프 치는 동안은 골프만 전념하도록 해야 한다. 비즈니스 이야기를 할 타이밍은 라운드가 다 끝나고 클럽하우스에서 식사를 할 때와 집으로 돌아오는 차 안에서 뿐이다. 이때를 놓치지 말아야 한다.

여섯째, 손님을 철저히 배려해야 한다. 손님 볼이 언덕 위로 올라갔을 때는 아무리 힘이 들어도 먼저 올라가서 볼을 찾아주고 손님 볼이 언덕 아래로 굴러 내려갔다면 미리 뛰어가서 볼을 찾아주는 수고를 해야 한다. 퍼팅그린에서도 상대방이 스트로크 하는 것을 홀아웃 할 때까지 지켜봐 줘야 한다. 손님을 위한 배려가 큰 호감이 돼 돌아온다는 것을 잊어서는 안된다.

손님에 대한 배려로 꼭 잊지 말아야 할 것이 몇 가지 있다.
- 손님의 첫 Tee Shot이 OB구역이 Water Hazard에 빠지면 거침없이 멀리건(Mulligan)을 주어라.
- 몇 홀 돌면서 몸이 풀려서 회심의 1타를 날렸는데 OB구역이나 Hazard로 볼이 날아갈 경우에도 멀리건(Mulligan)을 또 주어라.
- 손님의 처음 Putting이 안 들어가면 무조건 Concede를 주어라(3퍼팅은 접대골프의 무덤이다.).
- 손님이 매 Shot을 칠 때마다 좋은 점을 찾아서 칭찬하고 칭찬하라(못 해도 잘한다고 하면 기분이 좋게 된다).

일곱째, Business golf에서 가장 중요한 것은 손님을 배려한 내 Shot의 요령이다. 손님은 몸이 안 풀려서 미스샷이 나오는데 나 혼자 장타치고, 세컨드에 온그린(On Green) 시키고, 원 퍼팅(On Putting)하여 버디(Birdie)를 하면 손님은 기분이 다운된다. "골프를 하자고 불러놓고 자기 골프 실력 과시하는가?"라고 속으로 빈정거리게 된다. 가장 중요한 것은 플레이를 할 때 룰을 철저히 지켜야만 한다. 해저드에 빠지면 룰대로 해저드 뒤에 놓고 서드샷을 해야 하고, 페어웨이에서 디봇(Divot) 자국에 들어갔거나 벙커에서 발자국 속에 들어가도, 있는 그대로 플레이를 해야 한다. 슬쩍슬쩍 룰을 어기면서 플레이를 할 때, 상대방이 보지 않는 것 같아도 구력이 쌓인 사람들은 다 안다. 룰을 어긴다는 인상을 주면 점수를 따기는커녕 같이 일하기 어려운 사람이라는 인상을 심어주게 되어 그날 골프 접대는 하지 않은 것만 못 하게 된다.

- Driver Shot의 경우 손님 Ball 방향으로 같이 약간 짧게 쳐놓고, 같이 걸어가면서 대화를 나누어라. 드라이버를 손님보다 짧게 쳐야 Second Shot을 먼저 하면서 조절을 할 수 있다. 실수로 Driver Shot이 손님보다 더 멀리 나가면, 손님의 Second Shot을 보고 나서, 내 Ball을 치도록 한다. 손님 공이 세컨드샷에 그린에 안착했다면 나도 같이 온 그린(On Green)을 시키고, 손님이 그린에 못 미쳤다면 나도 좀 짧게 쳐서 그린에 못 미치거나 벙커에 빠트린다.

- 그린 공략 시에는 항상 그린에 못 미치거나 길게 겨냥해서 Green을 벗어나게 한다. On Green 시에는 항상 손님보다 홀 컵 조금 먼 곳에 On 시킨다. 그리고 처음 퍼팅은 Hole cup보

다 약간 위쪽이나, 아래쪽을 겨냥해서 Hole in이 안 되고 비껴 가게 친다.
- Bunker에 들어가면, 가끔은 실수한 척 한 번 더 쳐라. 손님이 이렇게 치면 잘 나온다고 가르쳐주면 기꺼이 받아들여라. Lesson하기 좋아하는 손님의 Lesson 본능을 자극하라.

그러나 중요한 점은 이 모든 샷은 일부러 실수를 한다고 손님이 생각하게 하면 안 된다. 상대방이 눈치채게 되면 자존심이 강한 손님은 무시당했다고 생각할 수도 있다. 이래저래 Business golf는 어렵기 마련이다.

여덟째, 끝나고 나면 작은 선물이라도 정성껏 준비하라.

마. 왜 많은 사람들이 골프를 치는가?

최근 어느 조사 결과에 따르면 국내 골프 인구는 469만 명으로 전년 대비 82만 명이 증가한 것으로 발표되었다.

이는 최근 6년 내 가장 높은 증가 폭으로 필드 골프를 즐기는 인구는 37만 명이 증가한 264만 명, 스크린 골프를 즐기는 인구는 66만 명이 늘어난 351만 명으로 조사됐다.

구력 2년 이하 신규 골퍼들의 골프 이용 현황을 보면 스크린 골프장 이용 비율이 85.5%로 가장 높았다. 스크린골프장만 이용하는 비율도 59.1%로 나타나 스크린골프가 최근에 급성장하고 있음을 보여주고 있다.

이처럼 예전에 비해 골프가 많이 대중화되었다고는 하지만, 시간이나 비용 면에서 볼 때 다른 스포츠에 비하면 여전히 많은 시간과 돈이 드는 게 사실이다. 라운드 한 번에 보통 4~5시간은 기본이고 여기에 골프장까지의 이동 시간까지 더하면 꼬박 하루가 날아간다. 주말의 경우 그린피에 카트피, 캐디피 등을 더하면 20만 원이 훌쩍 넘어간다. 그럼에도 불구하고 많은 사람들이 골프를 좋아하는 이유는 무엇일까?

아마도 골프의 가장 큰 매력은 바로 재미일 것이다.

운동도 하고 게임도 하고 그렇다고 쉽게 정복하기도 힘들고, 그러나 너무 재미있어서 한 번 빠지면 못 빠져나오는 것이 유일한 결점이 아닌가 생각된다.

골프가 재미있는 이유도 역설적으로 다른 스포츠에 비해 상대적으로 배우기 어렵기 때문이다. 몇 시간이나 며칠만 배우면 경기를 즐길 수 있는 대부분의 스포츠와 달리 골프는 라운딩하기 위해서 상당히 많은 시간의 학습과 연습이 필요하다. 14개나 되는 클럽을 용도별로 사용할 줄 알아야 하며, 라이(Lie)나 스탠스(Stance)에 따라 다양한 샷도 배워야 한다. 이렇게 다양한 클럽과 새로운 샷을 익히며 스코어가 레벨업되는 과정에서 끊임없이 재미와 만족을 느끼게 되는 것이다. 배우기 쉬운 만큼 싫증도 빠른 다른 스포츠에 비해 골프는 일단 입문하면 지루할 틈이 별로 없다.

의외성도 골프의 재미를 더해주는 요소 중 하나라고 한다. 심리학자들은 어떤 행동에 매번 똑같은 주기로 보상하는 것보다는 예측이 힘들게 불규칙적으로 보상하는 것이 행동을 강화하고 계속 유지하게 하는데 효과적이라고 한다. 기대하지 않은 보상이 훨씬 더 큰 기쁨을 주기 때문이다. 도박이 대표적인 예다. 골프도 마찬가지여서 계속된 미스 샷이나 쓰리퍼트에 열 받아 다시는 골프를 안 치겠다고 씩씩대다가도, 18번 홀이 다가오면서 오랜만에 드라이브가 통쾌하게 맞기 시작하고 뜻밖의 칩샷과 롱퍼트 성공에 고무되어 또다시 다음 라운딩을 기약하게 되는 것이 아마추어 골퍼들의 모습이다.

동서양을 막론하고 남녀와 나이의 많고 적음을 떠나 왜 사람들이 골프를 좋아하게 되는지 살펴보고자 한다.

① 일상에서의 탈출

무한 경쟁시대를 살아가는 현대인에게는 삶 자체가 스트레스이고 미래는 항상 불안하다. 그런데 골프는 최소한 4~5시간 동안 맑은 공기 마시고, 밝은 태양 빛을 받으며 잔디 위를 걸으면서 골프하고, 때로는 내기도 해서 용돈도 따고 하는 재미에 푹 빠져서 모든 것을 잊을 수 있다.

현대인은 언제나 일상에서 탈출을 꿈꾸고 골프는 탈출을 가능하게 해주는 운동이다. 인구밀도가 높은 한국인에게 더없이 복잡한 도심에서의 탈출을 꾀할 수 있는 것이 골프다.

② 인생의 축소판

골프는 18홀을 라운딩할 때 첫 홀 버디했다고 그날 스코어가 보장이 안 된다. 러프에도 들어가고, 해저드, 벙커를 넘어 그린에 도착해도 언제 3퍼팅이 일어날지 모른다. 산악지형이 많은 우리나라 골프장은 OB도 많아서 언제든지 OB의 위험이 도사리고 있다.

모든 과정을 참고 인내하며 18홀까지 무사히 마친 자가 승리하는 것이다. 도중에 좌절하고 포기하는 자에겐 승리가 없는 것이다. 우리가 살아가는 인생살이와 너무도 흡사하다.

③ 공평한 게임

모든 스포츠가 잘하는 사람 위주의 게임이다. 실력 차가 크게 나면 게임 자체가 불가능하다. 그러나 골프는 나이, 체력, 기술의 차이에 관계없이 즐길 수 있는 평생 스포츠이다. 핸디캡제도와 다양한 Tee(블랙, 블루, 레드, 화이트 등)가 있어서 자기 수준에 맞는 플레이를 하는 사람에게 언제라도 우승의 길이 열려져 있다. 남자와 여자, 프로와 아마추어 사이에서도 공평한 Rule에 따라 Game을 할 수 있는 운동이 바로 Golf다.

또한, 300야드를 넘게 날리는 골퍼나, 200야드도 못 날리는 골퍼가 10.8cm의 구멍에 먼저 넣는 사람이 이기는 Game이라서 공평하다.

멀리 칠수록 좋을 때도 있지만, 30cm 퍼팅 실수로 한 타를 잃을 수도 있어 장타를 못 치는 사람도 숏게임을 잘하면 승리할 수도 있는 것이 골프다.

④ 영원한 도전

모든 아마추어가 싱글 핸디캡 플레이어가 되기를 바라고 열심히 연습도 하고, 코치도 받고, 필드에도 자주 나간다. 그러나 싱글이 되는 순간, 이븐파를 목표로 하고, 이븐파하게 되면 언더파를 목표로, 점점 더 낮은 스코어를 향한 도전이 계속되는 것이다.

⑤ 에티켓을 강조하는 신사운동

규칙은 에티켓에서 시작하고 자기 자신이 심판자 역할을 수행하는 유일한 스포츠가 골프다. 골프를 잘 치기 위한 기술 이전에 상대방에 대한 배려와 에티켓을 요구하고 있고, 룰과 에티켓을 본인 스스로 지키면서 자신이 직접 심판자의 역할을 수행해 나가는 Gentlemanship이 강조되는 운동이다.

⑥ 구장의 다양성

모든 스포츠가 규격화된 경기장과 제한된 공간에서 플레이를 하는 것과 달리 골프는 축구장 100개가 넘는 광활한 대자연 속에서 비바람에 맞서서 플레이를 해야 한다. 전 세계 모든 골프장이 똑같은 곳은 하나도 없다. 산악지형의 계곡을 따라 만들어 놓은 컨트리클럽, 바닷가의 바람과 모래를 자연상태 그대로 살려 만든 링크스골프클럽, 많은 호수와 개천 등을 가로질러 가는 골프클럽 등 전세계 어느 나라를 가나 수많은 골프장이 유혹하고 있다. 이와 같은 다양성이 골퍼의 본능을 더욱 자극하여 도전적 의욕을 고취시키고 있는 것이다.

바. 홀인원

홀인원은 실력인가? 아니면 행운인가? 골퍼들 사이에 많은 논쟁이 있다. 파3 홀인원 확률이 아마추어는 1만 2,500분의 1이고, 프로는 3,000분의 1이고, 파4에서는 585만 분1이라고 하니 홀인원은 골프 실력도 어느 정도 뒷받침이 되어야 하겠지만, 기본적으로는 행운의 샷이라고 할 수 있겠다. 실력으로 할 수 있다면 홀인원 한 홀에서 다시 쳐서 홀인원 할 수 있는 찬스가 많아야 하는데 아직까지 그런 경우를 들어보지 못한 것을 보면 역시 홀인원은 행운이 같이할 때 나오는 기록으로 보아야 할 것이다.

필자에게 처음 홀인원은 2000년도 4월에 뜻하지도 않게 우연히 다가왔다. 양지 Country Club 남코스 7번 Hole(150M)에서 샷한 것이 홀 앞에 떨어져서 2~3M 굴러가더니 홀 앞에서 사라졌다. 앞 팀에

서 Wave를 준 상황이라서 앞 팀 Player들이 손을 흔들고 환호성을 치니 홀인원이 실감이 나기 시작했다. 동반 플레이어들의 축하를 받으며 그린 앞으로 가서 볼을 집어 들 때의 기쁨은 말로 표현할 수가 없었다. 처음 홀인원이라 경황도 없었고, 조촐하게 식사를

하면서 축하를 받았던 기억이 난다.

한동안 파3 앞에 설 때마다 홀인원 욕심을 내고 쳐봤다. 홀인원 보험까지 들어놓고 홀인원을 하려 한 적도 있었다. 10년 간 보험료를 내면서 기다리다 보험을 중단하고 나니 두 번째 홀인원이 찾아왔다.

역시 홀인원은 실력보다는 행운이 있어야 할 수 있는 것으로 보인다.

어떤 분은 깃대와 홀에 끼어 있는데 깃발을 뽑다가 빠져 나와서 홀인원 인정이 안 되었다고 하고, 파3에서 멀리건 받고 친 볼이 홀인원이 되었지만 역시 홀인원 기록으로는 인정이 안 되었다고 한다. 홀인원에 비하면 샷이글과 알바트로스는 실력에 행운까지 따라야 하는 것이니 더 어려울 수도 있다. 처음 샷이글은 미국에서 근무한 97년도 참가한 프로암대회의 파4홀에서 미국 PGA 프로가 지켜보는 가운데 세컨드샷이 홀에 빨려 들어가면서 처음 샷이글을 한 적이 있지만 알바트로스는 아직까지 해 본 경험이 없다.

KNOWHOW 03

꼭 알아두면
유용한
골프 규칙

KNOWHOW 03

꼭 알아두면 유용한 골프 규칙

최근 골프 룰을 잘 몰라서 우승 문턱에서 좌절하는 프로골퍼들이 자주 보도되곤 한다. 또한 많은 아마추어 골퍼들도 에티켓이 무엇인지도 모르고 골프를 하는 골퍼가 너무도 많다. 모든 골퍼들에게 골프 입문할 때 골프 에티켓과 골프 룰을 먼저 습득하고 나서 Swing 테크닉을 읽히는 연습을 하기를 권한다.

압축성장 과정에서 성과 위주의 문화가 만연하면서 골프에서도 공만 잘 치면 된다는 골프 문화가 성행하고 있다. 골프는 고도의 신사게임으로 에티켓과 Rule을 자기 스스로 지켜야 하는 운동이다. 요즘 가끔 프로시합에서 프로들이 Rule을 잘못 알아서 벌타를 먹고, Slow play를 하다가 벌금을 내는 일을 보면서 골프의 기본이 에티켓과 룰이란 사실은 아무리 강조해도 지나치지 않다는 것을 명심해야겠다.

세계 골프 Rule을 관장하고 있는 R&A와 USGA에서 펴낸 골프 Rule을 보면,

제1장이 에티켓이다. Golf 경기의 기본정신, Golf의 안전, 다른 Player에 대한 배려, 경기속도, 경기선행권, 코스의 보호 등을 규정하고 있다.

제2장에서 골프용어, 즉, 경기자, 국외자, 동반경기자, 워터 해저드, 벌타, 벙커, 분실구, 수리지, OB, 오구, 어드바이스, 장해물, 잠정구, 홀 등을 정의하고 있다.

제3장이 규칙이다. Play하는 도중에 일어날 수 있는 수많은 경우를 상정해서 규칙으로 정해놓고, 매년 조금씩 수정을 해가고 있다. 매치 플레이, 스트로크 플레이, 클럽, 볼, 플레이어, 어드바이스, 타수의 보고, 플레이 순서, 티잉그라운드, 볼 치는 방법, 교체한 볼, 오구, 퍼팅그린, 깃대, 워터 해저드, 분실구, 경기관리 등에 관한 규정을 두고 있다.

골프 규칙을 읽어보면 알겠지만, 일반 Golfer가 이해하기에는 너무 복잡하고 까다로운 규정이 많이 있어서 Pro Golfer들도 Rule[주3]을

주3) 2017년 ANA 인스퍼레이션 대회에서 렉시 톰슨이 퍼팅그린에서 볼마크한 마커를 원래의 자리로 놓지 않았다는(2.5cm 이동) 갤러리들의 비디오 분석 결과를 반영하여, 잘못 마크한 벌타 2타, 스코어카드를 잘못 적어낸 벌타 2타 총 4타를 벌타로 받아서, 선두를 가다가 우승을 유소연 선수에게 빼앗겼었다.

어겨서 벌타를 먹고 우승에서 탈락하는 경우가 많았다. 이에 R&A와 USGA에서는 너무 "골치 아픈 골프규칙" 때문에 골프 인구가 줄어들고 있고 골프가 대중으로부터 외면당할 우려가 있다고 보고, 과감히 Golf Rule을 Golfer 위주로 개정해 나가고 있다.

새로이 골프를 배우는 우리 후배들에게 좋은 스윙을 가르치기 전에, Golf는 신사운동으로 남에 대한 배려 등 기본으로 지켜야 할 에티켓, 그리고 Game으로서 지켜야 할 각종 Rule을 숙지하고 Field로 나갈 수 있도록 지도해주는 지도자가 많아지길 절실히 기대한다.

당신은 골프 룰을 안다고 생각하나요?[주4)]

미국의 베테랑 골퍼 필 미컬슨은 2018년 US오픈 3라운드 도중 그린 위에서 자신이 퍼트한 공이 아래쪽으로 많이 굴러 내려가게 되자 황급히 달려가 움직이는 공을 다시 퍼트를 하였다. PGA의 톱 랭킹 골퍼가 어처구니없는 행동으로 비난에 휩싸였다. "룰 위반으로 인한 2벌타를 받는 게 오히려 낫다고 생각해 일부러 그렇게 쳤다."고 하던 미컬슨은 언론 등의 비판을 의식해서인지 한참 후에야 공식 사과를 하였다.

미컬슨이 US오픈에서 보여준 기행에 미국골프협회(USGA)가

주4) 이 문구는 골프 룰을 관장하고 있는 영국 왕립골프협회(R&A)의 골프 룰의 중요성을 부각시키기 위한 홍보문구이다.

실격 처분을 하지 않은 것도 논란이 됐다. 당시 USGA는 그에게 '움직이는 공을 친' 규정을 적용해 2벌타만 부과했다. 그러나 언론과 전문가들 사이에서는 '고의로 볼의 방향을 바꾸려 했다'는 규정을 적용해 실격시켜야 했다는 여론이 들끓었었다.

그는 또 2주 후 개최된 PGA 투어 밀리터리 트리뷰터 앳 그린브라이어 대회 최종 라운드에서도 자신의 티샷 선상에 있는 긴 풀이 거추장스럽게 여겨졌는지 앞으로 나가 발로 툭툭 누르는 행동을 했다가 '의도적인 라이 개선'으로 2벌타를 받았는데 세계적인 선수도 이런 어처구니없는 실수를 저지르는 것을 보면 골프 룰이 어렵기는 어려운 것 같다.

골프 규칙 위반해서 벌타를 먹은 사례

① 2010년 8월 15일 미국 PGA챔피언십 마지막 라운드 18번 홀에서 미국의 더스틴 존슨이 벙커 내 지면의 클럽 접촉을 금지한 규정을 어겨 2벌타를 받았다.

최종 라운드 17번 홀까지 1타차 선두를 달리던 존슨이 18번 홀에서 티샷한 볼은 페어웨이 오른쪽 황무지에 떨어졌다. 풀과 모래가 뒤섞인 지점에 떨어진 볼을 치기에 앞서 그는 클럽 헤드를 땅에 댔다. 벙커가 아니라고 판단해 취한 행동이었다. 하지만 당시 로컬룰은 모든 모래 지역은 벙커로 간주한다는 것이었다. 존슨은 2벌타를 부과받았고 생애 첫 메이저 우승 기회를 날렸다.

② 2010년 미국의 짐 퓨릭은 PGA투어 플레이오프 1차전 더 바클레이즈 프로암대회에 어처구니없게도 늦잠 때문에 지각해 아예 실격 처리되고 말았다. 더 바클레이즈 바로 다음에 열린 PGA투어 플레이오프 2차전 도이체방크 챔피언십에서는 채드 캠벨이 대회위원회에 출전 등록을 하지 않은 사실이 뒤늦게 밝혀져 대회 도중 실격 처리되었다. PGA투어에서는 비록 사전 참가 신청을 했더라도 대회 개최 당일 별도의 출전 등록을 해야 한다고 규정하고 있다.

③ 2017년 미국 대학 골프 배턴 루지 지역 대회에 출전한 잭슨빌 대학교 4학년 데이비스 윅스는 13번 홀 그린에서 집어 든 볼을 실수로 떨어뜨렸다. 신발 끝에 맞은 볼은 경사를 타고 구르다가 그린 옆 연못 속으로 흘러들어 갔다. 윅스는 연못에 뛰어들어 20개가 넘는 볼을 건졌지만 정작 자신의 볼은 찾지를 못했다. 볼 수색에 허용된 5분이 지나자 분실구로 간주되어 2벌타를 받고 경기를 계속할 수밖에 없었다.

2004년 플레이어스 챔피언십 때 이언 폴터(잉글랜드)도 그린에서 볼을 잡다 놓쳐 연못에 빠뜨렸지만, 트레이너가 물속에서 볼을 찾아내 벌타는 면했다.

④ 2010년 PGA투어 헤리티지 연장전에서 브라이언 데이비스(미국)는 해저드 구역에 떨어진 볼을 쳐 그린에 올려놨다. 하지만 그는 곧바로 경기위원을 불러 백스윙 도중 갈대를 건드렸다고 고백했다. 2벌타를 받은 그는 연장전에서 졌고 우승 트로피는 짐 퓨릭(미국)에게 돌아갔다. 그 당시 TV 해설자도 본인이 얘기를 안 했으면 모르고 지나갔을 텐데도 솔직하게 고백한 데이비스는 필드의 영원한 신사로 기억될 것이라고 칭찬을 하였다.

⑤ 1987년 플레이어스 챔피언십 1라운드 11번 홀에서 레이먼드 플로이드(미국)의 캐디는 플로이드가 티샷하기 전에 볼이 떨어질 지점 부근으로 미리 이동해 페어웨이 옆 러프에 골프백을 내려놓았다. 플로이드가 티샷한 볼은 운이 나쁘게도 정확하게 자기의 골프백을 맞췄고, 볼이 선수 자신의 몸이나 캐디, 기타 선수의 소유물에 맞으면 2벌타를 부과한다는 규칙 19조2항에 따라 플로이드는 2벌타를 받았다.

그뿐만 아니라 악천후로 경기가 중단되자 플로이드는 6번 홀 티 박스에서 연습 삼아 볼을 숲을 향해 쳤다. 이는 스트로크 플레이 경기 중 연습을 금지한 규칙 33조2항을 어긴 것이 되어 또 2벌타를 받았다.

⑥ 2010년 3월에 열린 LPGA 기아클래식에서 미셸 위는 해저드 구역 내에서 샷을 준비하던 중 무심코 클럽으로 땅을 짚었다가 2벌타를 받았다. 미셸 위는 당시 경사지에서 넘어지려고 해 얼떨결에 짚은 것이라고 해명했지만 비디오 판독 결과 사실이 아님이 판명되었다.

⑦ 한국 투어에서도 2010년 9월 16살의 아마추어 골퍼 장수연이 한국여자프로골프투어 현대건설 서울경제오픈에서 2타차로 여유 있게 우승할 뻔했다가 경기 직후 한 갤러리의 문제 제기로 2벌타를 받는 바람에 다시 연장전을 치르는 해프닝이 있었다. 앞선 15번 홀의 그린 주변에서 어프로치 샷을 할 때 캐디가 캐디백을 장수연의 오른편 앞쪽에 내려놓은 것이 갤러리에 의해 목격된 것이다. 골프 규칙에 의하면 플레이하는 동안 플레이 선상이나 근처에 방향을 지시하는 등 플레이에 도움이 될 만한 여타의 물건을 두지 못하게 되어 있다. 결국 비디오 판독을 거쳐 2벌타를 받고 치른 연장전에서 장수

연이 패해 다잡은 우승을 놓치고 말았다.

⑧ 2010년 8월에 개최된 캐나다여자오픈에서는 한국의 정일미와 안시현이 경기 후 서로 상대방 공으로 플레이를 한 것이 밝혀져 오구 플레이로 동반실격하고 말았다. 퍼팅 그린을 떠나기 전에 상황을 파악하고 신고를 했다면 각각 2벌타를 받는 선에서 그칠 수 있었던 상황이었다.

⑨ 2010년 중국 선전에서 열린 미션 힐스 스타 트로피 1라운드에서 이마다 류지(일본)는 벌타로만 26타를 잃었다. 비가 와서 코스 상태가 정상이 아니었기에 1라운드는 볼을 집어 들어 닦은 뒤 내려놓고 치도록 하는 룰이 적용되었다. 보통 이러한 경우에는 볼이 원래 있던 자리에서 1클럽 이내에 내려놓고 치는 것이 일반적이었으나 이 대회 때는 1클럽 이내 거리가 아니라 '스코어카드 1장' 거리 이내로 정해졌었다.

12번 홀에서 1클럽 거리에 볼을 내려놓다가 동반 선수의 지적을 받은 이마다 류지는 경기위원을 불렀다. 경기위원은 지금까지 몇 차례나 1클럽 거리에 볼을 내려놓았느냐고 물었고 이마다는 "13번쯤 되는 것 같다."고 대답했다. 경기위원은 룰 위반 한 번에 2벌타씩 모두 26벌타를 부여했다.

이상의 사례들을 보면 대부분은 정당한 규칙의 집행이지만, 선수들의 입장에서 다소 애매하고 억울할 수 있는 부분도 꽤 있다. 더구나 우승을 문 앞에 두고 벌타로 우승기회를 놓치게 된다면 그 억울함이 얼마나 크겠는가마는, 골프 경기에 참가하는 자는 프로나 아마추어 모두 골프 룰을 숙지해야 하는 점을 일깨워 주는 에피소드다.

골프 규칙을 잘 활용해서 유리하게 반전시킨 경우

① 미쉘 위

2005년 삼성월드챔피언십 2라운드 14번 (파4) 홀에서 미쉘 위가 티샷한 공이 오른쪽으로 밀리면서 페어웨이를 벗어난 맨땅의 나무 덤불 아래에 떨어졌다. 가서 확인해보니 공이 덤불 밑둥치에 떨어져 있어서 사실상 정상적인 플레이가 불가능했다. 언플레이어블을 선언하고 1벌타를 받은 후 구제받는 것이 최선인 상황으로 여겨졌었는데 미쉘 위는 덤불의 꽃에 몰려든 벌을 가리키며 자신에게 벌 알레르기가 있다고 주장하며 그 상태에서는 샷을 할 수 없다고 주장했다. (예전에 TV에서 PGA투어 경기 중 어떤 선수가 불개미 때문에 구제받는 것을 본 기억이 났다고 한다.) 결국 경기위원으로부터 "비정상적인 코스 상태(Abnormal ground conditions)"로 인정받아, 벌타 없이 구제를 받아 홀에서 가깝지 않은 한 클럽 이내 위치에 드롭을 한 후 경기를 계속해 파를 기록할 수 있었다. 골프 규칙을 숙지하고 자기에게 유리한 판정으로 이끈 사례이다.

② 타이거 우즈

1999년 피닉스오픈 마지막 라운드 13번(파5) 홀에서 티샷한 공이 페어웨이를 벗어나 대략 1.2M의 너비의 두께와 높이가 각각 60cm 정도 되는 바윗돌 앞에 떨어졌다. 그린까지 225야드밖에 남지 않은 상황이었지만 공이 바위에 가로막혀있어 직접 홀을 겨냥할 수는 없었다. 따라서 언플레이어블을 선언하고 구제를 받거나 바위를 피해 페어웨이 쪽으로 레이업을 해야만 하는 상황이었다. 잠시 고민하던 타이거 우즈는 경기위원에게 이 바위가 루스 임페디먼트(Loose impediment)임을 주장했다. 루스 임페디먼트에 관한 규칙에는 무게나 크기에 대한 제한이 없고, 해저드 안에 있는 경우를 제외하고는 플레이에 방해가 되는 루스 임페디먼트는 벌타 없이 치울 수 있다는 점을 이용한 것이다.

결국 경기위원은 이 바위가 땅에 단단히 박혀있지 않고 모래 위에 살짝 얹혀있는 것을 확인하고는 루스 임페디먼트로 판정을 내리게 되었다. 그러자 우즈의 부탁을 받은 주변에 있던 십여 명의 갤러리들이 순식간에 달려들어 이 바위를 치워주었고 우즈는 그린을 향해 직접 멋진 샷을 날린 후 버디를 잡을 수 있었다. 아마도 골프 역사상 가장 무거운 루스 임페디먼트로 기억될 것이다. 지금도 당시 대회가 열렸던 아리조나 TPC 스캇데일 13번 홀에는 관련 내용을 기록한 명판과 함께 이 바위가 기념으로 남아있다고 한다.

가. 에티켓(Etiquette : Behaviour on the Course)

① 플레이어가 스트로크를 할 때에는 그 주변에서 떠들거나 움직여서는 안 된다.

② 플레이어는 스트로크 또는 연습 스윙 중에 클럽으로 다칠만한 위치에 아무도 없는가를 확인하여야 한다. 플레이어가 사람이 맞을 위험이 있는 방향으로 볼을 플레이한 경우에는 즉시 큰소리로 경고하여야 한다. 앞에 있는 조가 안전거리 밖으로 벗어날 때까지 플레이를 해서는 안 된다.

③ 항시 경기에 늑장을 부려서는 안 된다. 같은 조가 홀 아웃을 끝내면 곧 그 홀을 떠나야 한다.

④ 경기가 빠른 조는 패스시킨다.

⑤ 디봇(Divot)은 잘 메워야 한다. 벙커 내의 발자국을 고르게 한다.

⑥ 상대편 그린의 라인을 밟지 않는다.

⑦ 그린에서 클럽을 떨어뜨리지 않는다.

⑧ 깃대는 올바른 위치에 똑바로 주의 깊게 꽂는다.

⑨ 코스를 떠날 때에는 코스를 정상적인 상태로 유지시키고 떠난다.

⑩ 코스에서는 항상 빠른 걸음으로 걸어야 한다.

나. 용어의 정의(Definitions)

① 깃대(Flag stick)

깃대란 홀의 위치를 표시하기 위하여 깃발 또는 다른 물건을 달거나 달지 않은 채 홀의 중심에 똑바로 세워둔 움직일 수 있는 표시물을 말한다. 깃대의 단면은 원형이어야 한다.

② 래터럴 워터 해저드(Lateral Water Hazard)

워터 해저드 후반에 볼을 드롭하기가 불가능한 워터 해저드를 래터럴 워터 해저드라 한다. 볼이 래터럴 워터 해저드 안에 놓여 있거나 볼의 어느 일부가 래터럴 워터 해저드 안에 접촉하고 있는 경우 그 볼은 래터럴 워터 해저드 안에 있는 볼이다. 래터럴 워터 해저드의 표시는 적색 말뚝으로 표시한다.

③ 루스 임페디먼트(Loose Impediments)

자연물로서 고정되어 있지 않고, 땅에 박혀있지 않고 볼에 달라붙어 있지 않는 것으로 돌, 나뭇잎, 나무의 잔가지, 나뭇가지, 동물의 똥 등을 포함한다. 이슬과 서리는 루스 임페디먼트가 아니다.

④ 분실구

플레이어 또는 캐디가 볼을 찾기 시작하여 3분 이내에 볼을 찾지 못하거나 플레이어가 자신의 볼임을 확인하지 못하였을 때는 분실된 것으로 간주한다.

⑤ 스루 더 그린(Through the Green)

다음의 것을 제외한 코스의 전 지역을 말한다.
- 현재 플레이하고 있는 홀의 티잉 그라운드와 퍼팅그린
- 코스 안의 모든 해저드

⑥ 아웃 오브 바운드(Out of Bounds)

코스의 한계를 넘어선 장소 또는 위원회가 그렇게 표시한 코스의 일부를 말하며, 백색 말뚝으로 표시한다.

⑦ 워터 해저드

코스 안의 모든 바다, 호수, 연못, 하천, 도랑, 표면배수로 또는 뚜껑이 없는 수로를 말하며, 황색 말뚝으로 표시한다.

⑧ 위원회

경기를 관리하는 위원회를 말한다.

⑨ 장해물(Obstructions)

모든 인공물로서 도로와 통로의 인공 표면과 측면, 그리고 제조된 얼음을 포함한다. 무리한 노력 없이 손상을 입히지 않고 옮길 수 있는 장해물은 움직일 수 있는 장해물이다.

⑩ 캐주얼 워터(Casual Water)

워터 해저드 안에 있지 않으며, 플레이어가 스탠스를 취하기 전 또는 후에 볼 수 있는 코스 위의 일시적으로 고인 물을 말한다.

⑪ 포어 캐디(Fore Caddie)

플레이하는 동안 볼의 위치를 플레이어에게 알려주기 위하여 위원회가 배치한 사람을 말한다.

⑫ 티잉 그라운드(Teeing Ground)

플레이 할 홀의 출발장소로 2개의 티마커 바깥쪽 한계로 전면과 측면이 정해지며 측면의 길이가 2클럽 길이인 직사각형으로 된 구역을 말한다.

다. 플레이 규칙(The Rules of Play)

① 일반 규칙

• 규칙1 : 경기(The Game)

골프경기는 1개의 볼을 클럽으로 티잉 그라운드에서 플레이하여 스트로크 또는 연속적인 스트로크로 홀에 넣는 것으로 이루어진다.

• 규칙2 : 매치 플레이(Match Play)

매치에서 한편이 경기를 끝내지 않은 홀 수보다 더 많은 홀을 이긴 편이 승자가 된다.

• 규칙3 : 스트로크 플레이(Stroke Play)

스트로크 플레이 경기는 경기자들이 1 또는 2 이상의 정규 라운드의 각 홀에서 경기하고 각 라운드에 대하여 각 홀에서 낸 그로스 스코어가 기재된 스코어 카드를 제출해야 하며 1 또는 2 이상의 정규 라운드에서 가장 적은 타수로 플레이한 경기자를 우승자로 한다.

• 규칙4 : 클럽(Clubs)

플레이어는 14개보다 더 많은 클럽을 가지고 정규 라운드를 출발해서는 안 된다.

• 규칙5 : 볼(The Ball)

플레이어가 사용할 볼은 R&A에서 발행한 현행 적격 골프볼 목록에 등재된 볼이어야 한다.

• 규칙6 : 플레이어(The Player)

플레이어는 플레이를 지연시키지 말아야 한다.

② 경기중의 볼

• 규칙11 : 티잉 그라운드(Teeing Ground)

플레이어는 티잉 그라운드에서 볼을 인플레이할 경우 티잉 그라운드 구역 내에서 플레이하여야 한다. (티마커로부터 2클럽 이내)

• 규칙14 : 볼을 치는 방법(Striking the Ball)

-볼은 클럽헤드로 올바르게 쳐야 하며, 밀거나 끌어당기거나 떠

올려서는 안 된다.

　-거리 측정이나 경기 보조물을 사용해서는 안 된다.

　• 규칙8 : 어드바이스 - 플레이선의 지시(Advice - Indicating Line of Play)

자기의 캐디나 같은 편이 아니면 조언을 구하지 못한다. 자기편이 아니면 조언을 하면 안 된다.

　• 규칙13 : 공은 있는 그대로의 상태로 플레이(Ball Played as it Lies)

공은 있는 그대로 쳐야 한다.

　• 규칙18 : 정지하고 있는 볼이 움직인 경우(Ball at Rest Moved)

규칙에서 허가된 경우를 제외하고는 공을 만져서는 안 된다. 그렇지 않으면 1벌타를 받는다.

　• 규칙5 : 플레이 중에 플레이할 수 없을 정도로 파손된 경우에는 다른 공으로 교환할 수 있다. (벌점 없음)

　• 규칙15 : 교체한 볼(Substituted Ball), 오구(Wrong Ball)

오구를 쳤을 때에는 (해저드는 제외) 매치 플레이 시에는 그 홀의 패배, 스트로크 플레이에서는 2벌타가 주어진다.

③ 코스에서의 규칙

• 규칙13 : 볼은 있는 그대로의 상태로 플레이(Ball played as it lies)

-코스에서는 라이의 개선을 하지 못한다.

-스탠스를 취하거나 스윙을 할 때, 자연히 일어나는 경우를 제외하고는 고정물, 생장물 등을 움직이거나 구부리거나 꺾지 말아야 하며, 눌러서도 안 된다.

-해저드 내에서 스윙하기 전에 클럽이 물, 모래, 땅에 닿아서는 안 된다. (위반 시 1벌타)

• 규칙24 : 장애물(Obstructions)

-장애물은 모든 인공 물체이다.

-만일 제거할 수 있으면 해저드 내라도 제거해도 된다. 움직일 수 없기 때문에 스탠스나 스윙에 지장을 받을 것 같으면 벌점 없이 그 지점으로부터 1클럽 내에 드롭할 수 있다. (홀에서 가깝지 않게)

-OB의 망이나 말뚝은 장애물이 아니다.

• 규칙18 : 움직인 공(Ball at rest moved)

만일 공이 자기, 자기편, 자기 캐디에 의해 움직여졌을 때에 1벌점 후 리플레이스 해야 한다.

국외자에 의해 움직인 공은 벌점 없이 리플레이스한다.

• 규칙27, 28 : 분실구, OB, 언플에이어블(Ball lost or Out of Bounds, Ball unplayable)

-분실구 또는 OB : 1벌점이고, 전에 쳤던 곳으로 돌아가 드롭 또는 플레이스하여 다시 친다. 티잉 구역에서는 티업할 수 있다. (이때의 타수는 3타가 된다)

-언플에이어블 : 언플에이어블한 지점에서 2클럽 내의 지점으로서 홀에서 가깝지 않은 곳 또는 그 지점으로부터 후방선상에서 1벌점 후 드롭하고 다시 친다. (벙커에 있을 때에는 벙커 내에서만 드롭)

• 규칙26 : 워터 해저드 공(Water Hazards including lateral Water Hazards)

-워터 해저드의 후방에서나 혹은 그 전에 쳤던 자리에 가서 1벌점 후 드롭하고 다시 친다.

-래터럴 해저드에서는 또 다른 선택을 할 수 있다.

즉 공이 최후로 해저드 선을 넘은 지점이나 반대편(동거리)에서 1벌점 후 2클럽 내에서 드롭할 수 있다.

• 규칙27 : 잠정구(Provisional Ball)

-최초의 공이 분실 또는 OB가 될 염려가 있을 경우에 잠정구를 칠 수 있다. 그러나 공이 워터 해저드나 언플레이어블이라고 염려했을 때에는 제외한다.

－만일 최초의 공이 언플레이어블 또는 워터 해저드가 되었을 때에는 잠정구를 버려야 한다.

－잠정구를 칠 때에는 최초의 공을 확인하러 가기 전에 쳐야 하며, 이를 상대방에게 통고해야 한다.

• 규칙25 : 캐주얼 워터, 수리지(Abnormal Ground Conditions)

캐주얼 워터, 수리지, 또는 동물 구멍과 새집은 벌타 없이 1클럽 내에서 드롭 할 수 있다.

• 규칙20 : 볼은 집어올리기, 드롭하기 및 플레이스하기 (Lifting, Dropping and Placing)

드롭이 허락되었을 때, 플레이어는 똑바로 서서 공을 들고 드롭해야 한다.(2019년부터는 무릎높이까지만 올려서 드롭하도록 규정이 완화되었음)

다음의 경우는 벌점 없이 재드롭해야 한다.

· 해저드에 굴러 들어가거나 굴러 나왔을 때

· 그린이나 아웃 오브 바운즈에 굴러 들어갔을 때

· 드롭한 공이 처음 떨어진 지면에서 2클럽 이상 굴러가 정지했을 때

· 홀에 가깝게 떨어졌을 때(해저드에서 드롭한 공은 해저드 내에 떨어져야 한다.)

④ 그린 위에서

• 규칙16 : 퍼팅그린(The Putting green)

－그린 위에서는 공을 굴리거나 문질러서 그린을 시험하지 못한다.

－그린 위에서는 최초 위치에 표시하고 공을 집을 수 있으며, 다시 놓을 때에는 정확한 지점에 리플레이스한다.

－공의 충격으로 생긴 그린 위의 손상이나 전에 사용한 홀 자국은 고칠 수 있다.

－다른 공이 방해가 될 때, 공을 마크하고 치우지 않으면 안 된다. 그린 위에서 자기의 공이 다른 공을 건드리면 스트로크 플레이에서 2벌점(건드린 사람이)을 받는다.

홀아웃 시 매치 플레이 이외는 반드시 홀 아웃을 해야 한다. (규칙 3-2, 16-2)

라. 새로이 개정된 Golf Rule(2019년 1월 1일부터)

R&A와 USGA가 발표한 2019년부터 개정된 새로운 Golf Rule

을 소개한다.

① 볼을 드롭할 때 어깨높이에서 무릎높이로 변경

(Golfers will now drop from knee height. This will ensure consistency and simplicity in the dropping process.)

② 언플레이어 볼이나 해져드에서의 구제구역 측정 시 골퍼가 갖고 있는 가장 긴 클럽을 사용해 측정

(The Golfer's relief area will be measured by using the longest club in his/her bag to measure one club-length or two club-lengths.)

③ 투터치의 벌타를 없애고 1타로 간주

(The penalty stroke accidentally striking the ball more than once in the course of a stroke has been removed. Golfers will simply count the one stroke they made to strike the ball.)

④ Recreational Golfer는 로스트와 OB의 경우 공이 나간 지점 근처에서 2벌타를 받고 플레이 할 수 있도록 로칼룰을 제정할 수 있다.(단, 프로골퍼에게는 적용배제)

(A new Local rule will be available in January 2019, permitting committees to allow Golfers the option to drop the Ball in the vicinity of where the ball is lost or out of bounds including the nearest fairway area, under a two-stroke penalty. This rule will not be in play at the professional level, or other elite competitions)

2017년 개정되어 새로운 Golf Rule에 포함되는 규정도 함께 소개한다.

① 그린이나 공을 찾는 과정에서 볼을 움직인 경우 No penalties

(There will be no penalty for accidentally moving a ball on the putting green in searching for a ball.)

② 그린 위에서 스파이크 마크 등을 수리하거나, 퍼팅라인을 건드려도 No Penalties이고 깃대를 빼지 않고 Putting해도 벌타가 없으나, 캐디가 타겟 반대편에서 라인이나 정렬을 봐주는 것은 금지.

(There will be no penalty if a ball played from the putting green hits an unattended flagstick in the hole. Players may putt without having the flagstick attended or removed. Players may repair spike marks and other damage made by shoes, animal damage and other damage on the putting green and there is no penalty for merely touching the line of putt.However caddies are not allowed to stand behind or serve as an extention of the line)

③ Water Hazard 내에서 Loose impediments를 제거하거나 바닥이나 물에 클럽이 닿아도 No penalty

(There will be no penalty for moving loose impediments or touching the ground or water in a penalty area.)

④ 벙커 내에서 Loose Impediment 제거하거나 모래에 클럽이나 손이 닿는 것은 벌타 없음. 그러나 Ball 뒤의 Sand를 클럽으로 닿으면 벌타 유지. Unplayable 시 2벌타 먹고 벙커 밖에서 Play 가능

(There will be no penalty for moving loose impediments in a bunker or for generally touching the sand with a hand or club. A limited set of restrictions such as not grounding the club right next to the ball is kept to preserve the challenge of playing from the sand. Allowing an unplayable ball in a bunker to be played from outside the bunker with a two- stroke penalty)

⑤ 골퍼의 합리적인 판단 우선 인정 : 사후 Video 판독으로 인한 수정 불가

(A player's reasonable judgement when estimating on measuring a spot, point, line, area or distance will be upheld, even if video evidence later shows it to be wrong.)

⑥ Lost Ball 찾는 시간 3분으로 단축하고 한 스트로크 플레이 시간 40초로 제한하여 경기 속도 유지

(Reduced time for searching for a lost ball from five minutes to three; recommending that players take no more than 40 seconds to play a stroke.)

그러나 디보트에서의 구제는 계속해서 허용하지 않기로 하였다. 골프경기의 기본 원칙인 볼이 놓여진 그대로 플레이를 해야 한다는 원칙은 꼭 지켜져야 한다고 하였다.

USGA와 R&A가 이런 파격적인 규칙 개정을 계속하고 있는 의도는 무엇일까? 식어가는 골프의 인기를 되살리려는 노력이다.

미국이나 유럽에서 골프는 오랫동안 대중적 레저로 인기를 누려왔다. 그러나 골프 인구는 계속 줄어들고 야구, 축구, 사이클, 클레이밍 등 다른 스포츠의 인기도 높아지고 있다. 여러 가지 이유가 있겠지만 시간이 많이 걸리고, 규칙이 복잡하고 까다롭다는 이유로 골프를 꺼리는 사람도 많다. USGA와 R&A가 추진하는 규칙 개정의 방향은 '신속한 경기 진행'과 함께 '골프를 쉽게 즐기라'는데 맞춰지고 있는 것이다.

이번에 OB에 2벌타와 함께 발표한 규칙 개정도 가능하면 모든 골퍼들이 골프를 편하고 쉽게 즐길 수 있도록 하려는 의도라고 보면 된다. 심지어 타수 상한제까지 적용하여 이른바 양파 이상은 적지 않기로 하는 규정개정 움직임도 있다.

이런 움직임은 더는 '까다롭고 어려운 골프 규칙'으로 골퍼들을 괴롭히지 않겠다는 선언으로 봐야 한다.

골프 에티켓을 어기면 벌타를 받을까?

골프를 치다 보면 벙커가 정리되지 않아 발자국이 남아 있어 뒤에 치는 골퍼들의 공이 발자국에 묻혀있어 곤란한 경험들이 많았을 것이다. 하지만 이렇게 동료 플레이어를 배려하지 않는 매너 없는 행위를 저질러도 스코어에는 아무런 영향이 없다.

골프 규칙에 에티켓 위반에는 벌타를 줄 수 있는 근거가 없기 때문이다. 이런 비신사적 행동을 여러 차례 저질러도 좋은 스코어로 우승할 수 있다는 얘기다. 그러나 KLPGA투어는 벙커를 정리하지 않은 선수에게는 100만 원의 벌금을 매긴다. 원래는 30만 원이었는데 더 엄하게 처벌해야 한다는 선수회 건의에 따라 벌금을 대폭 올렸다.

최근 열린 KLPGA투어에서 한 선수가 1라운드가 끝나고 실격 처분을 받았다. 그린에서 짧은 퍼트를 놓친 뒤 분한 마음에 퍼터로 그린은 내리친 사실이 드러나 뒤따르던 선수가 그린이 살짝 패인 걸 경기위원에게 신고해 이런 사실이 밝혀졌고 실격처분이 내려졌다.

그린을 내리찍는 행동은 에티켓에 어긋나지만, 실격은 과한 처분이라는 지적도 있었다. 하지만 심각한 에티켓 위반에 경종을 울리기 위한 다른 수단이 없다고 판단한 경기위원회는 실격 처분을 강행했다.

그런데 2019년부터 에티켓을 어긴 선수에게 벌타를 줄 수 있는 길이 열린다.

전 세계에 적용되는 골프 규칙을 관장하는 R&A와 미국골프협회(USGA)는 내년부터 적용할 개정 규칙에 경기위원회가 에티켓 위반에 대해 벌타를 부과할 수 있다는 내용을 넣었다. 이렇게 되면 골프

대회 경기위원회는 사전에 특정 에티켓 위반 행위에는 벌타를 준다는 로컬룰을 제정해 운용할 수 있게 된다. 예를 들어 '퍼트 등으로 그린을 훼손하면 1벌타'나 '벙커 정리를 않고 다음 홀로 이동하면 1벌타' 등의 로컬룰을 만들 수 있다는 뜻이다.

벌타가 되는 에티켓 위반 대상은 경기위원회가 정한다. 따라서 사소한 에티켓 위반도 경기위원회가 정하는 바에 따라 이제는 벌타를 받을 수 있게 된다.

마. 애매모호한 경우

① OB 여부의 판단

라운딩 도중 동반자들과 OB 여부를 놓고 많은 실랑이들이 일어난다. OB의 판정은 분명하다. OB의 경계선은 말뚝이나 흰 줄로 표시하는데 OB를 말뚝으로 표시할 때, 그 경계선은 말뚝의 안쪽(코스 쪽) 측면을 연결하는 선으로 결정한다.

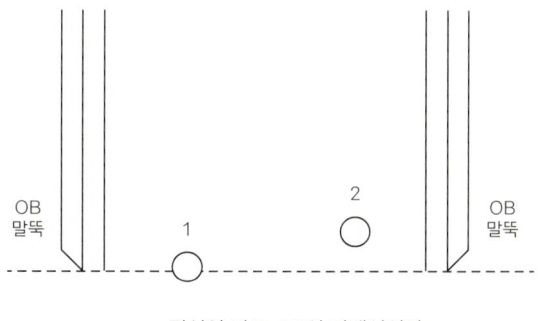

점선이 바로 OB의 경계선이다.
1번 볼은 OB가 아니고 2번 볼은 물론 OB다.

그림에서 볼이 경계선상에 걸려 있으면 OB가 아니다. OB의 경계선은 수직으로 상하에 연장된다. 볼만 OB가 아니면 스탠스, 즉 양발의 위치는 OB 쪽으로 나가 있어도 상관없다.

OB는 플레이 금지구역을 뜻한다. 다시 말해 골프장 바깥이나 숲이 워낙 깊어 들어갔을 경우 부상당할 우려가 있는 곳 등이다. 외국 골프장의 경우 OB는 통상 골프장 바깥을 의미하지만, 국내 골프장 등에서는 신속한 플레이를 위한 OB지역을 지나치게 많이 설정해 놓고 있다.

② 움직일 수 있는 장애물과 움직일 수 없는 장애물

장애물이란 모든 인공의 물건으로서, 도로의 표면 등도 해당된다. 장애물은 두 가지로 나뉜다. 움직일 수 있는 장애물과 움직일 수 없는 장애물이다.

움직일 수 있는 장애물은 깡통, 병, 담배꽁초, 음료수 팩, 종이, 고무래 등을 예로 들 수 있다. 움직일 수 없는 장애물은 스프링클러, 배수로 뚜껑, 카드 도로 등 코스 내에 있는 인공구축물을 예로 들 수 있다.

움직일 수 있는 장애물은 벌타 없이 제거할 수 있다. 스윙이 움직일 수 있는 장애물로 인해 방해를 받으면 그 장애물을 치우면 된다.

그런데 만약 볼이 움직일 수 있는 장애물의 안이나 위에 정지해 있는 경우는 어떻게 해야 하나? 이때는 볼을 집어 올린 후 장애물을 제거하고 바로 그 지점에서 가장 가깝고 홀에 접근하지 않는 지점에 드롭하면 되고, 그린 위에서는 볼을 플레이스하면 된다. (이때는 무벌타임)

움직일 수 없는 장애물의 안이나 위에 볼이 떨어져 있거나 스탠스나 의도하는 스윙 구역이 방해를 받으면 역시 벌타 없이 다음과 같은 방법으로 구제받을 수 있다.

즉, 그 방해를 피하고 홀에 가깝지 않고 해저드나 퍼팅그린이 아닌 곳으로 볼이 있었던 위치로부터 가장 가까운 지점을 결정해 거기에서 1클럽 길이 이내로 드롭하면 된다. 만약 볼이 벙커 내에 있고 그 벙커 안에 움직일 수 없는 장애물이 있다면 반드시 벙커 안에서 드롭해야 한다. 또한 퍼팅 그린 위에서의 경우는 플레이스 해야 한다. 또 워터 해저드 내에서는 움직일 수 없는 장애물로 인한 구제가 금지돼 있다.

③ 루스 임페디먼트

루스 임페디먼트란 자연물로서 고정되어 있지 않은 것을 뜻한다. 쉽게 말해 낙엽이나 돌, 떨어진 나뭇가지 등으로 생각하면 된다. 모래와 흩어진 흙은 그린 위에 있을 때만 루스 임페디먼트다. 루스 임페디먼트는 해저드를 포함한 지역에서 벌타 없이 제거할 수 있도록 2019년부터 적용되었다. (그 이전까지는 해저드와 벙커에서 루스임피디먼트를 제거하면 벌타가 부과되었음)

　이슬과 서리는 루스 임페디먼트가 아니다. 새벽 라운드 때 그린에 이슬이 깔려 있더라도 그것을 제거하면 안 된다. 이슬은 루스 임페디먼트가 아니기 때문이다(위반 시 2벌타). 그린 위에서는 벙커에서 튄 작은 돌이나 모래가 흩어져 있는 경우가 많은데, 이러한 것은 얼마든지 제거할 수 있다. 그러나 스루 더 그린에서는 디보트(Divot : 잔디나 흙이 클럽헤드에 닿아 패인 곳)를 메운 모래 위에 볼이 정지해 있더라도 그것을 제거하면 안 된다.

　벙커 내에서 움직일 수 있는 장애물도 제거할 수 있다. 장애물이란 모든 인공의 물건을 뜻한다. 따라서 벙커 내의 담배꽁초나 깡통, 종이부스러기 등은 제거할 수 있다.

바. 꼭 지켜주면 동반 플레이어 모두가 좋아하는 골프 매너

　① 골프 룰을 철저히 준수하고 로컬룰을 잘 모르는 경우 일단 자기에게 불리하게 적용하고 남에게는 유리하게 적용해 주는 아량을 베풀어 골프 중에 티격태격 말다툼하는 경우가 없어야 한다.

② 골프 진행 중에 상대방에게 코치하는 행위는 자제하고 상대방 매너에 대해 지적하는 행위도 자제하라. 필요하다면 그늘집이나 클럽하우스에서 정중히 얘기해주어 상대방이 오해하지 않도록 하라.

③ 자기 자신이 잘 친 것에 대해 자랑하지 말고 남이 잘 친 것을 칭찬해주는 마음가짐을 가져라.

④ 스코어에 너무 집착하지 마라. 1번과 18번 홀을 올파 혹은 더블보기 이상 적지 말 것 등을 캐디에게 요구하는 행위는 자제하도록 하라.

⑤ 다른 사람이 샷을 하는 중에는 연습 스윙을 하거나 지나치게 떠들지 마라.

⑥ 자기 핸디를 인정받고 싶은 것처럼 남의 핸디도 인정해 줄 수 있는 아량을 가지고, 특히 스트로크 플레이시에는 상대방이 원하는 만큼 핸디를 조정해 주어라.

⑦ 자기 플레이가 잘 안 된다고 투덜거리거나 화난 사람처럼 입을 다물고 있으면 동반자에게 심적 부담을 주게 되며, 특히 선임자가 잘 안 된다고 기분 나쁜 언행을 하여 동반자에게 영향을 미쳐서는 안 된다.

⑧ 신속한 경기 진행을 위해 동반자 모두가 협조하여야 하며 모든 골프 예절 중에 지연 플레이가 가장 나쁜 것임을 주지하라. 항상

앞조와 일정한 거리를 유지하도록 노력하고 내기 골프에 치중하여 플레이가 지연되지 않도록 하고, 뒷팀과의 거리는 상관하지 않아도 된다.

⑨ 내기 골프를 자제하고 내기를 할 때에는 상대방이 부담을 느끼지 않는 범위 내에서 하라. 특히 스트로크 플레이는 경기시간도 지체되고 컨디션이 안 좋은 골퍼에게는 부담이 될 수 있으니 가급적 자제하고, 기본 금액을 점차 두 배, 세 배로 올리는 행위는 절대 자제해라.

⑩ 상대의 공이 오비나 해저드 지역으로 날아갔을 때 기분 좋은 표정으로 "오비다", "해저드다"라는 언행은 자제해야 하며 가급적 "애매한데 가 봅시다." 혹은 "괜찮을 수도 있을 것 같은데요."라는 표현이 상대의 마음을 편하게 해준다.

⑪ 골프웨어는 계절에 맞게 멋있게 입도록 하여 상대방 호감을 갖도록 하라.

⑫ 라운드 중 미스샷에 대해 변명을 하지 마라. 잘못 치면 한 타 더 친다고 생각하면 편해진다.

⑬ 남 탓하지 마라. 특히 캐디 탓하지 마라.

⑭ 골프장에는 최소한 1시간 전에 도착하여 환복, 준비운동과 퍼팅 연습 등으로 라운딩 준비하라.

KNOWHOW 04

골프 스윙의 기본

KNOWHOW 04

골프 스윙의 기본

1985년도 Golf를 처음 시작할 때에 접한 골프 가이드북(영문)을 메모해 놓은 Notes를 펼쳐보니 제일 처음으로 Grip에서 양손의 엄지와 검지가 V자형을 유지하고, 양 손바닥이 서로 평행을 유지하라고 하면서 Normal grip(Square grip)과 Weak grip, Strong grip의 요령과 장·단점에 대해 요약이 되어 있다.

그리고 골프 스윙에 대하여는 클럽이 타겟을 향하여 최대의 속도로 볼을 Square로 지나도록 스윙을 하라고 하면서 임팩트 시의 얼라인먼트의 중요성을 같이 강조하고 있다. (Golf swing is to move the club through the ball square to the target at maximum speed, the alignment of the clubface at impact is the most vital.)

> \<Swing\>
>
> 1. First, understand what you are trying to do
>
>   golf swing : move the club through the ball square to the target at maximum speed.
>   - The direction in which the clubface looks
>   - The direction of the swing
>   - The angle of the club's approch to the ball
>   - The speed of the ball
>
> 2. The alignment of the clubface at impact is the most vital.
>
> 3. Swinging from <u>out to in</u>
>   → contact too high on the ball
>
> 4. Swinging from <u>in to out</u>
>   → contact the ground before it meets the ball.

    30여 년 전이나 지금이나 골프 스윙의 기본 원리는 크게 변한 것이 없는 것 같다. 처음 Golf를 시작할 때부터 내 나름대로 Golf Swing과 관련하여 정리해놓은 Memo, 신문과 골프잡지 등에서 스크랩한 골프이론, 같이 라운딩했던 프로들이 해준 여러 가지 Tip들,

그리고 최근 TV와 유튜브를 통해서 접한 각종 스윙 비법 등을 정리
해놓은 자료를 바탕으로 골프 스윙의 기본 기술에 대해 정리를 해 보
았다.

가. Grip

골프에서 가장 중요한 기본 기술은 골프채를 잡는 요령이다. 그
립(Grip)에는 크게 세 가지 방법이 있다. 손이 작거나 여자들에게 유
리한 인터로킹(Interlocking) 방법, 야구 배트를 잡는 요령과 똑같
이 잡는 베이스볼 그립(Baseball grip 또는 Natural grip), 그리고 오
른쪽 새끼손가락을 왼손 집게손가락과 가운뎃손가락 사이에 겹쳐서
올려놓는 오버래핑(Overlapping) 그립이다. 자신의 손의 크기, 악력
등을 고려하여 자신에게 가장 적합한 방법으로 잡으면 된다.

그리고 클럽 샤프트의 중심선에 대하여 왼손을 어떠한 각도로
잡느냐에 따라 또 세 가지 방법이 있다. 클럽 샤프트의 중심선 위에
왼손 엄지손가락을 올려놓은 스퀘어 그립과 왼손 엄지손가락을 클
럽샤프트 중심선보다 좌측으로 가볍게 잡는 위크 그립, 그리고 왼손
엄지손가락을 클럽 샤프트 중심보다 오른쪽에 두는 스트롱 그립이
다. 이 세 가지 방법은 각각 장단점이 있다. 일반적으로, 악력이 좋고

손이 큰 사람은 스퀘어 그립이 유리하고, 훅이 많이 나는 사람은 위크 그립이, 슬라이스가 많이 나는 사람은 스트롱 그립이 유리하다. 어떠한 방법을 잡든, 공통적인 요령은 다음과 같다.

첫째, 양어깨와 손에 너무 많은 힘을 주지 말고 3, 4, 5번 왼손 손가락으로 클럽을 잡은 다음 오른손은 가볍게 클럽을 잡아야 한다. 힘이 많이 들어가면 자연히 어깨에 힘이 들어가기 때문에 스윙이 부드럽지 못하게 되어 공을 정확히 맞힐 수 없게 된다. 손안에 새를 잡고 있는 기분으로 쥐라고 많은 프로들은 권하고 있다.

둘째, 양손이 따로 놀지 않도록, 즉 두 손이 일체감을 느낄 수 있도록 쥐어야 한다. 왼손은 주로 손바닥으로 쥐고, 오른손은 주로 가운뎃손가락과 약손가락으로 잡도록 한다.

셋째, 손목을 많이 사용하면 스윙의 방향이 일정하게 유지하기 어려우므로, 손목의 사용을 가급적 억제하면서 스윙을 하도록 한다.

나. Set up

일단 그립의 요령을 정확하게 습득한 다음에는 어떠한 자세로 Set up을 할 것인가를 습득해야 한다.

① 스탠스

골퍼가 취하는 모든 동작의 순서는 골퍼의 발로부터 시작된다. 이것은 스탠스가 잘못되면 클럽을 스윙할 파워의 원천에 문제가 생기기 때문이다. 스탠스는 마치 야구 선수가 배팅을 하기 위한 자세를 취하는 것과 같이 큰 힘을 내기 위한 발디딤을 마련하기 위한 것으로, 히팅 앵글과 타이밍을 맞추기 위한 준비 자세이다.

양발의 넓이는 어깨너비를 기준으로 하여 일반적으로 Driver shot에서는 어깨너비보다 조금 넓게, Short Iron에서는 조금 좁게 조정을 하되 발뒤꿈치는 동일 선상에 양발이 놓이도록 해야 한다. 발을 놓는 각도 또한 골퍼에 따라 다른데, 오른발을 타킷선과 직각으로 놓고 왼발을 직각에서 15도 정도 왼쪽으로 발끝을 벌리고 정확한 스윙 동작을 유지하는 사람도 있고, 양쪽 발끝을 모두 직각으로 유지하면서 정확한 스윙 동작을 유지하는 사람도 있다. 이러한 골퍼 간의 차이는 개인의

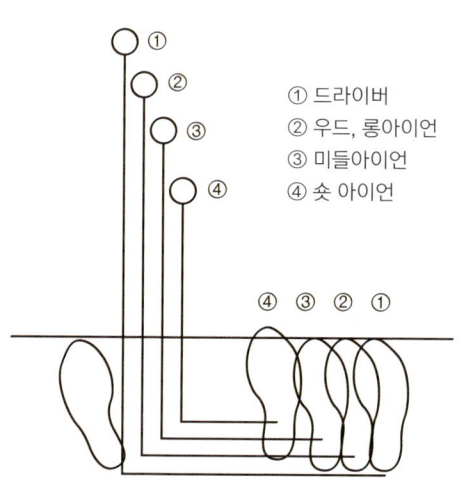

클럽에 따른 공의 위치와 양발의 넓이

관절 구조의 차이와 근육 유연성의 차이로부터 나오는 것으로, 개인에게 가장 알맞은 각도를 선택하면 된다.

공의 위치는 드라이버샷은 왼발 뒤꿈치 선상에, 롱아이언은 공한 개 정도 더 오른쪽으로, 미들아이언은 공 두 개 정도 더 오른쪽으로, 숏 아이언은 양발 중앙보다 공 한 개 정도 오른쪽으로 두는 것이 좋다.

이때 체중은 양 발 안쪽에 균등하게 나누어져 있어야 한다. 올바른 스탠스와 발의 각도는 공을 때리는 동안에 범하기 쉬운 머리나 중심의 스웨이(Sway), 혹은 상체의 흔들림을 방지해서 정확한 자세의 유지를 하는데 도움이 된다.

② 손의 위치

어드레스할 때 손의 위치는 클럽에 따라 달라지면 안 된다. 어떠한 클럽을 잡고 공을 때리더라도 손의 위치는 항상 같아야 한다. 즉, 땅으로부터는 같은 높이, 몸으로부터는 같은 거리를 유지해야 한다. 어드레스에서 양손을 아래로 떨어뜨리면 손끝이 발끝을 향하거나 약간 발 앞을 향하도록 하여 척추 각도를 유지하도록 한다. 이 자세가 몸의 꼬임을 최대한으로 늘릴 수 있는 자세이다.

정확한 손의 위치는 사람에 따라 약간씩의 차이가 있으나, 대개

의 경우에 왼쪽 대퇴와 배꼽 사이로서, 대퇴 앞에서 주먹 하나가 자유롭게 드나들 정도의 사이를 띄어 놓는다. 클럽이 길거나 짧더라도 손의 위치는 항상 일정하게 유지하도록 한다.

③ 어깨의 자세

다음은 양 어깨의 자세인데, 왼쪽 어깨는 수평보다 약간 높게, 그리고 오른쪽 어깨는 약간 낮게 하고, 어떠한 경우라도 양쪽 어깨의 연장선은 목표 지점을 향하도록 해야 한다. 어드레스를 취하는 순서와 요령은, 우선 그립을 정확히 잡은 다음, 공 뒤에 서서 목표 지점을 바라보고 공과 클럽 면이 목표 지점과 직각이 되도록 클럽을 놓은 다음, 왼발과 오른발이 목표선과 평행이 되도록 한다. 이때 주의할 점은 클럽의 밑바닥 전체가 지면에 밀착되도록 편안히 땅에 놓는다는 기분으로 손의 자세를 취한다. Address 시 가장 중요한 것은 머리가 공 뒤에 있어야 한다. 공을 칠 때까지 머리는 고정하고 공은 뒤에서 쳐주어야 한다.

④ Alignment (Aiming)

Target을 향해 클럽페이스가 Square를 유지해야 한다. 그러나 우리 몸이 앞으로 약간 구부리고 Address를 하기 때문에, 어깨선이 Target보다는 약간 왼편을 겨냥해야 Target을 향해 Square가 된다. 흔히 범하는 실수는 왼쪽 어깨와 눈을 일직선으로 하여 Target을 향해 Square로 맞추면 Target 보다 오른쪽을 향하게 되어 왼쪽으로 당겨치면서 훅샷이 되거나, 오른쪽으로의 Push shot이 나올 수 있게 된다.

다. 스윙

스윙(Swing)은 크게 여섯 가지 동작으로 구분된다. 채를 어깨 위로 들어 올리는 백스윙과 톱어브스윙, 채로 공을 치기 위하여 내리치는 다운스윙, 그리고 채가 공을 직접 때리는 순간인 임팩트, 그리고 채가 공을 때린 후에 취하게 되는 릴리스와 피니시 등이다.

① 백스윙

먼저 백스윙(Backswing)을 위한 테이크어웨이(Takeaway : 클럽을 뒤로 빼는 시작 동작)는 몸통이 회전하면서 어깨와 팔은 따라

간다는 느낌으로 해주는 것이 좋다. 손에 너무 힘을 주면 어깨와 팔에도 힘이 들어가게 되어, 백스윙이 부자연스러워지고 어깨도 충분히 돌아가지 않는다. 그러므로 이상적인 테이크어웨이는 몸통이 회전하면서 가볍게 그립을 잡고 팔과 어깨가 따라가는 회전을 해주는 것이 좋다.

대부분의 초보자들이 범하는 오버스윙은 왼쪽 어깨는 회전시키지 않고 팔과 손만으로 백스윙을 하기 때문에 팔목과 손목이 굽혀져서 결국은 클럽헤드가 어깨선 밑까지 내려가는 오버스윙이 되는 것이다. 오버스윙을 방지하는 비결은, 어드레스 때부터 왼손 엄지손가락에 약간 힘을 주어 잡고, 클럽이 어깨선과 수평이 되었을 때는 더욱 힘을 주어 더 이상 넘어가지 않도록 클럽을 받쳐 주어야 한다.

백스윙 때 신경을 써야 하는 중요한 요소는 템포(Tempo)인데, 백스윙의 템포는 가능한 천천히 하는 것이 효과적이다. 백스윙의 템포를 천천히 하는 것이 유리한 이유는, 긴장하거나 흥분하게 되면 자연히 스윙이 빨라져 미스 샷을 유발하게 되는데, 느린 백스윙은 이것을 방지해 주기 때문이다.

가장 중요한 것이 어깨의 회전인데, 정확한

백스윙을 하기 위해서는 충분한 어깨의 회전이 필요하다. 소위 몸통 스윙을 해주어야 한다. 프로들은 등을 목표 방향으로 돌려라, 가슴을 돌려라, 배꼽을 돌리라고들 하는데, 표현방법은 다르지만 다 같은 뜻이다. (Shoulders turn full 90° and arms must swing) 이때 오른쪽 발의 안쪽으로는 체중 이동이 되고, 오른쪽 무릎에서 체중을 받아내면서 오른쪽 몸통에서 벽을 만들어 체중 이동을 떠받쳐 주어야 한다.

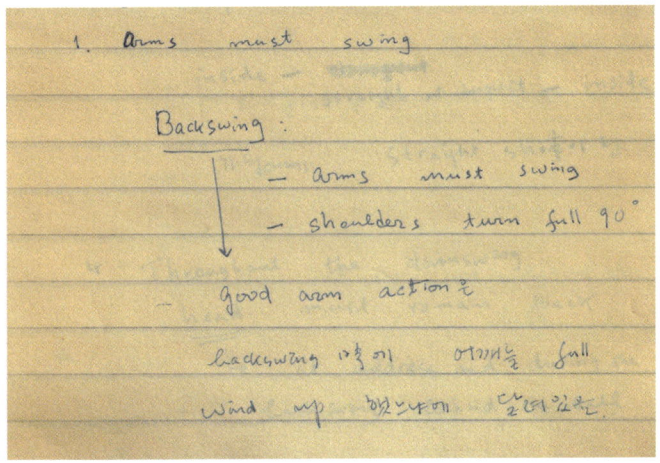

② 톱 어브 더 스윙(Top of the swing)

• Top은 자기가 가장 힘을 많이 써서 클럽을 던질 수 있는 위치로 클럽마다 다르다. 드라이버는 Top에서 클럽샤프트가 지면과 수평이 되는 3시 방향까지, 아이언은 2~3시 방향까지, 웨지는 9시에서 12시, 1시 사이를 유지하는 것이 좋다고 한다.

• Cocking : 백스윙을 시작하면서 Cocking을 하느냐, 아니면 어깨높이에서 왼손 엄지 방향으로 Cocking을 하느냐는 개인적인 신체조건이나 습관에 따라 선택하면 된다.

• 아마추어 골퍼는 Top에서 일단 멈추는 느낌을 가지는 것이 좋다고 한다. 그렇지 않으면 다운스윙이 빨라지면서 미스샷을 유발하기 쉽기 때문이다. 그러나 프로들은 Top에서 멈추는 느낌보다는, 오른손을 약간 오른쪽으로 Rolling하면서 무릎의 왼쪽 이동과 함께 다운스윙의 시동을 거는 것이 비거리의 향상에 도움이 된다고 하니 참고가 되길 바란다.

• Top에서는 왼쪽 팔은 쭉 펴서 스윙아크를 크게 유지하고, 오른쪽 팔꿈치는 지면을 향하고 아래로 구부러져 있어야 한다.

③ 다운스윙

• 무릎을 중심으로 한 하반신의 Lead로 다운스윙의 시동을 건다. 다리, 엉덩이, 어깨, 팔의 순서로 다운스윙이 이루어진다.

• 오른쪽 팔꿈치는 오른쪽 옆구리를 스치면서 몸통의 Turn과 함께 팔과 손이 따라오면서 클럽이 내려와야 한다.

• 오른쪽 어깨는 Impact 시까지 앞으로 나가지 말고 유지하고 있어야 한다.

다운스윙(Downswing)의 시작은 손이나 팔, 즉 상체부터가 아니고 하체부터이다. 왼쪽 다리가 목표를 향하도록 밀어주고, 그 다음에 팔이 내려오고, 손이 내려오고, 마지막으로 클럽 헤드가 내려온다. 이때 유의해야 할 사항은 중심의 이동인데, 몸의 중심을 어떻게 왼쪽 무릎으로 옮겨 주느냐 하는 것이다.

일반적으로 무릎을 사용하여 중심을 옮기는 것이 가장 좋다. 그러나 무릎을 이용한 하체 리드가 어려우면 왼쪽 엉덩이를 왼쪽으로 밀어줌으로써 체중을 이동시키는 요령을 습득하도록 하고, 이것이 익숙해진 다음에는 직접 무릎으로 중심을 이동시키게 되면 무리 없이 중심 이동 요령을 습득할 수 있다.

다음은 어드레스 때와 똑같은 몸의 높이를 항상 유지하면서 스윙을 해야 한다. 다운스윙 때 몸의 높이가 일정해야만 클럽 페이스로 정확하게 공을 때릴 수 있지, 그렇지 못하면 뜻한 대로 공을 맞힐 수 없게 된다. 즉, 몸의 높이가 높아지게 되면 공의 윗부분을 때리거나 헛스윙을 하게 되고, 반대로 낮아지게 되면 공의 뒤땅이나 공 밑

을 치게 된다. 다운스윙 때에 하체가 리드를 해주는 이유도 바로 몸의 높이를 일정하게 유지하기 위함이라는 사실을 알아야 한다.

체중 이동 시 주의해야 할 것은 좌·우로의 Sway가 안되도록 주의해야 한다. 백스윙과 다운스윙에서 체중 이동을 너무 신경 쓰다 보면 과도한 좌·우로의 Sway 현상이 나타나서 미스샷이 유발될 수 있음을 유념해야 한다. 과도한 체중 이동을 의식한 좌·우 Sway뿐만이 아니고, 아마추어 골퍼가 많이 저지르는 실수는 상·하 Sway이다. 백스윙과 다운스윙 과정에서 무릎의 높이가 변하면서 아래·위로 출렁거리는 상·하 Sway가 일어나지 않도록 항상 어드레스 때와 같은 높이를 유지해야만 좋은 샷이 나올 수 있다.

골프 스윙을 할 때, 가장 많이 듣는 주의 사항이 머리를 고정시키라는 말일 것이다. 그러나 실제로는 스윙 시 머리를 전혀 움직이지 않는 골퍼는 한 사람도 없다. 머리를 고정시키라는 말은, 우리 몸의 축이 머리를 중심으로 척추까지 중심이 이어져서 축이 흔들리게 되면 공을 정확히 때릴 수가 없기 때문에 스윙 축을 고정시키라는 뜻으로 머리의 좌·우로의 약간의 움직임은 스윙에 크게 문제가 되지 않는다.

다운스윙 시 체중 이동을 잘하기 위해서는 무릎을 잘 써야 하는데, 무릎의 정확한 사용법은 다음과 같다.

첫째, 무릎과 무릎의 간격이 임팩트 순간까지는 일정해야 한다. 양쪽 무릎이 어드레스 때의 간격과 똑같은 거리를 유지하면서 동시에 움직여 주어야 한다는 말이다. 왼쪽 무

릎은 제자리에 머물러 있고, 오른쪽 무릎만을 왼쪽으로 옮겨 준다거나 왼쪽 무릎만을 옮겨 주게 되면, 자연히 체중 이동도 이루어지지 않게 되어, 결국은 상체로만 공을 치게 되기 때문에, 거리도 나지 않을 뿐만 아니라, 방향 또한 일정해지지 않는다.

둘째, 임팩트는 항상 왼쪽 무릎보다 안쪽에서 이루어지도록 다운스윙의 시작을 무릎부터 해야 한다. 그래야만 무릎이 목표선과 평행한 방향으로 움직이게 되어 공이 똑바로 날아가게 된다. 이때 한 가지 주의할 것은, 임팩트가 끝날 때까지 오른쪽 발꿈치는 땅에 붙어 있게 해 주는 것이다.

다운스윙 때 범하는 가장 많은 잘못 중의 하나는 오른쪽 어깨가 너무 빨리 내려오거나 앞쪽으로 튀어나오는 것이다. 오른쪽 어깨가

왼쪽 어깨보다 앞에 나와 있거나 빨리 나오게 되면 클럽헤드의 스피드가 떨어지기 때문에 자연히 공도 멀리 날아가지 않게 된다.

이를 방지하기 위해서는 하체의 리드와 함께 오른 팔꿈치가 오른쪽 허리를 스치면서 팔이 내려오고 이와 동시에 상체의 빠른 Turn과 함께 양팔과 손이 따라 돌고 Club Head가 따라오는 스윙을 해주어야 한다. 즉 몸통(허리에서 가슴까지) 회전과 함께 양팔과 클럽이 따라오는 스윙을 만들어주어야 한다.

클럽 헤드가 보다 빠른 속도로 임팩트가 되려면 오른쪽 어깨를 가능한 한 사용하지 말고 원 위치에 그대로 두고 다운스윙을 시작해야 한다. 그렇게 하면 오른쪽 손목의 코킹도 그대로 유지할 수 있어 자연스럽게 레이트 히트가 되어 Club Head의 Speed가 극대화되어 공도 멀리 날아가고, 오른쪽 팔꿈치가 몸 가까이에서 Turn이 이루어지기 때문에 공이 날아가는 방향도 일정해진다.

④ 임팩트

채를 사용하여 공을 치는 모든 스포츠의 제1원칙은 공을 끝까지 주시하는 일이다. 골프에서는 이것을 Head up을 하지 말라고 표현한다. 골프가 어려운 이유 중의 하나는, 다른 스포츠는 사용하는 채가 하나여서 길이가 일정한데, 골프는 길이와 무게가 각기 다른 14

개의 채를 모두 익숙하게 다루어야 하기 때문이다.

골프의 스윙을 이상적으로 하기 위해서는, 다른 모든 동작을 취할 때에는 힘을 빼고 천천히 하는 반면에, 공을 때리는 임팩트(Impact) 순간에는 최대의 힘으로 빨리해야 한다. 임팩트 순간에 왼쪽 다리 안쪽으로 벽을 유지하고 있어야 하고, 머리와 상반신의 Sway가 일어나지 않게 유지하면서 Impact 순간까지 Ball 뒤를 보고 있어야 한다.

공을 보다 멀리, 그리고 정확히 날려 보낼 수 있는 이상적인 리듬을 얻기 위해서는 클럽을 거꾸로 잡고 스윙 시에 바람을 가르며 내는 '휙' 소리가 오른쪽 귀에 들리도록 하게 하지 말고, 스윙이 거의 끝나는 상태인 왼쪽에서 '휙' 소리가 들리도록 스윙의 속도와 강도를 조절하는 연습이 도움이 된다.

프로 골퍼들의 스윙을 보면 공을 때리기 직전부터 차츰 가속화하여 공을 때리고 난 직후에 오히려 클럽이 빠르게 왼쪽 어깨로 넘어가는 스윙을 하고 있는 점을 유의해야 한다.

⑤ 릴리스(Release)

Impact와 동시에 Ball 앞 20cm를 겨냥해서 Club이 지나간다고 생각하고 Swing을 해야만이 정확한 Impact가 되고, 공에 100%의 힘이 전달된다. 특히 Iron Shot에서는 Hand First가 유지되면서 Ball보다 20cm 앞을 겨냥해서 Release를 해주면 다운 볼로 샷이 되어 방향성과 비거리가 좋아진다.

Ball을 치고 나가면서 Shaft의 Rolling을 같이 해주어야 비거리가 좋아지는데 이때에 오른손이 왼손을 뒤엎는 자세가 나오면서 왼손 3, 4, 5손가락이 위로 보이면 올바른 Rolling이 이루어진 것이다. 이때에 오른손은 검지에서 엄지로 샤프트가 옮겨지면서 롤링이 이루어지게 된다. Shaft rolling시 주의할 점은 Head speed를 최대로 살리면서 Turn이 함께 이루어져야지 방향성과 비거리 모두가 좋아지게 된다.

Turn이 없이 Shaft rolling을 하게 되면, 공이 왼편으로 급격히 휘는 샷이 나오고, 비거리도 확보가 되지 않으므로, 반드시 Turn과 함께 Shaft rolling을 해주어야 한다.

⑥ 피니시

많은 골퍼들이 일단 임팩트가 끝나고 나면 실질적인 스윙이 끝난 것으로 생각하고, 임팩트까지는 신경을 쓰고 그 후는 별로 중요하게 생각지 않는데, 이는 잘못된 생각이다. 그 이유는, 골프 스윙은 온몸을 사용하여, 즉 긴 클럽을 쥐고 온몸을 비틀었다가 휘둘러 클럽으로 공을 때려 날려 보내는 일련의 동작으로, 어드레스부터 백스윙, 임팩트, 피니시 모두가 정확하게 한 동작으로 순간에 끝나야 비로소 완전한 스윙이 되기 때문이다. 어느 한 동작 중요하지 않은 동작이 없고, 자연히 앞 동작이 좋아야 다음 동작이 좋아지게 되어있다.

피니시 자세야말로 골프의 스윙 중 가장 중요한 자세가 된다. 따라서 골프 실력이 어느 정도인지를 한눈에 알아보려면 피니시 자세를 보면 쉽게 평가할 수 있다. 피니시 자세가 좋다는 것은 스윙의 모든 과정이 좋았다는 증거가 되므로, 피니시 자세를 좋게 하기 위해서는 자연히 모든 과정을 정확하게 하지 않으면 안 된다.

정확한 피니시 자세는 피니시 동작이 끝날 때에 양쪽 팔꿈치가 될 수 있는 한 서로 가까이 있어야 하고, 벨트의 버클(장식)이 목표 지점을 향하고 있어야 하며, 만일 버클이 목표를 향하고 있지 않다면 이는 중심 이동이 제대로 이루어지지 않았다는 증거이다. 마지막 피니시 자세를 취하고는 자신이 골프잡지의 광고모델이라고 생각하고

2~3초 동안 피니시 자세를 유지하는 노력을 해보면 피니시 동작에 도움이 된다.

피니시 자세는 다음과 같은 역할을 한다.

첫째는, 공이 날아가는 높이를 결정해 주고, 둘째는, 공이 날아가는 거리를 결정해 주며, 셋째는, 공이 날아가는 방향을 결정해주고, 임팩트 시 잘못되는 공의 방향을 수정해 준다.

피니시 자세의 역할이 중요함에도 마음먹은 대로 취해지지 않는 이유는, 힘껏 친 다음 날아가는 공을 빨리 보고 싶어하는 마음에서 피니시 자세는 취하지 않고 공을 쳐다보게 되기 때문이다.

정확한 피니시를 위하여 왼쪽 벽을 유지한 채로 오른쪽 어깨가 Target 방향으로 Turn이 되면서 Club은 최대속도로 끌어내려 어깨 너머까지 올라간다고 생각하고 Finish하면 Club Head Speed를 최대화시켜 비거리를 늘릴 수 있다. 그러나 유념해야 할 것은 백스윙에서 피니시까지 모든 동작이 1~2초 사이의

순간에 일어나는 것이다. 스윙의 모든 순간 동작이 물 흐르듯이 멈춤이 없이 이루어질 때에 좋은 샷이 나올 수 있다. 가장 중요한 것은 하체가 Lead하는 몸통의 Turn이 이루어지면서 상체가 따라가는 스윙이 되어야 Club Head의 스피드가 최대화 되고 비거리는 늘어나게 된다는 것을 기억해야 한다.

아마추어 골퍼와 프로 스윙의 가장 큰 차이는 첫째가 스윙 시 상체의 움직임이다. 프로 골퍼들은 백스윙 시의 테이크백부터 시작해서 임팩트 피니시에 이르기까지 상체의 움직임이 거의 없거나 설사 있다고 해도 머리가 목표 반대방향으로 약간 움직이는 정도에 불과하지만 대부분의 아마추어 골퍼들은 상당한 실력을 갖추고 있음에도 불구하고 상체가 대단히 많이 흔들린다. 목표 방향을 따라 백스윙 시에 뒤로 움직였다가 임팩트 순간에 앞으로 움직이고, 백스윙 시 위로 올라갔다가 임팩트시 아래로 푹 꺼지는 듯한 움직임에 눈이 어지러울 정도다. 이런 상체의 움직임 때문에 스윙이 보기 싫은 것은 물론, 정확한 임팩트가 불가능해서 원하는 거리보다 짧은 샷들이 속출하는 것이다.

이런 점을 염두에 두고 스윙 중에 상체의 움직임을 최소화하는데 좀더 많은 노력을 하면 좋은 스코어 관리가 가능해진다. 전신이 보이는 거울 앞에서 스윙 연습을 하루에 5분씩만 해주어도 스윙감이 좋아질 것이다.

둘째는 프로와 아마추어의 차이는 체중 이동이다. 프로는 백스윙에서 오른쪽 발로 70~80%의 체중 이동이 있고, 다운스윙에서는 양 무릎이 먼저 리드하고, 엉덩이의 회전과 함께 70~80% 체중이 왼쪽 발로 이동되며 다운스윙이 이루어진다. 이때에 오른 팔꿈치가 오른쪽 허리로 붙어서 내려오는 느낌으로 상체 회전이 이루어지면서 골프 클럽과 팔은 따라오면서 스윙이 이루어지고 피니시에서는 오른쪽 발에는 아무런 느낌도 없을 정도로 체중이 100% 왼발로 이동되는 것이다. 그러나 아마추어는 좌·우로 체중 이동이 제대로 안 되고, 하체의 Lead가 제대로 안 되고 오른손 팔꿈치도 일찍 펴지면서 소위 Casting이 되어 거리도 방향도 모두 잃게 되는 것이다. 상체의 움직임을 최소화하면서 체중 이동이 이루어지면 우리 아마추어도 프로와 같은 스윙을 할 수 있을 것이다.

라. 장타를 치기 위해 아마추어 골퍼가 꼭 기억해야 할 원칙 10가지

① **몸에 맞는 클럽을 찾아라.**

로프트와 샤프트의 강도가 자기 몸에 맞는 클럽을 선택하면 정확성을 높여줄 뿐 아니라, 비거리도 늘려준다.

② 장타 치려면 정타를 쳐라. (Sweet Spot)

아마추어 골퍼가 거리 손실을 보는 가장 큰 원인은 공을 클럽헤드의 중앙(Sweet spot)에 정확히 맞추지 못하는 데 있다. 주말골퍼가 장타를 치기 위해서는 빗맞는데서 나오는 거리 손실을 우선 줄여야 한다. 스윙하면서 귀와 어깨와의 거리가 어드레스 상태로 유지되도록 하는 것이 정타를 칠 확률이 높아진다. 로프트가 좀 더 큰 채가 정타를 칠 확률이 높은 것은 물론이다.

③ 꾸준한 스트레칭으로 유연성을 키워라.

유연성이 없는 사람들은 작은 근육을 이용하는 스윙을 하는 반면, 유연한 골퍼들은 큰 근육을 이용할 수 있어 장타를 때릴 수 있다.

④ Draw 구질을 만들어라.

거리를 내려면 Draw성 구질의 샷을 만들어야 한다. Impact까지 머리를 고정하고, Grip은 스트롱 그립으로 그리고 필요하다면 오른발을 약간 뒤로 빼면서 스윙을 해주면 Draw성 구질이 나온다. 또한 드라이버 헤드의 Toe가 볼의 중심을 겨냥하도록 하면 드로우성 구질에 도움이 된다.

⑤ 팔과 어깨에 힘을 빼라.

팔과 어깨에 힘을 뺀 스윙을 몸에 익혀라. 장타란 힘을 주는게 아니라, 힘을 빼는 스윙에서 나온다는 것을 느껴야 한다.

⑥ 몸을 중심으로 '스윙' 하라.

몸의 Turn을 중심으로 부드럽게 스윙해야 거리가 난다. 공 없이 빈 연습 스윙을 할 때 나오는 스윙이 바로 몸의 Turn으로 하는 스윙이다.

⑦ 셋업 때 몸과 골프채 사이를 충분히 둬라.

셋업할 때 몸이 공에 너무 붙어 있으면 원활한 스윙을 할 수 없다. 몸을 자연스럽게 돌릴 수 없기 때문에 스윙을 부드럽게 할 수 없고 임팩트 때 공에 힘을 실어줄 수도 없다. 골프채를 마음껏 그리고 힘차게 휘두르려면 몸과 골프채 끝 사이의 공간이 충분해야 한다. 이 공간은 손을 쫙 폈을 때 엄지와 새끼손가락 사이 정도가 적당하다.

⑧ 공을 때리지 말고 통과하면서 스윙하라.

공을 때리거나, 공을 퍼올리려고 하지 말고 공을 통과하면서 스윙하는 것이 비거리를 늘리는 방법이다. 헤드 커버를 벗기지 않고 하는 연습 스윙이 도움이 된다.

⑨ '끝까지' 피니시하라.

피니시는 말 그대로 끝까지 해야 하는 것이다. 임팩트만 하거나 체중이 오른발에 남아있으면 체중 이동이 되지 않아 거리도 그만큼 줄어들게 된다. 피니시가 완벽하지 않고는 장타도 없다. 몸이 타깃을 향하고 오른발은 왼쪽 발에 붙여지면서 아무 느낌이 없어지면 '끝까지' 피니시가 된 것이다.

⑩ '쉭' 소리 나게 휘둘러라.

드라이버를 거꾸로 잡고 스윙해보라. 무척 가볍게 느껴지고 편안하게 스윙할 수 있을 것이다. '쉭' 소리가 왼쪽에서 날 때까지 스윙해보고 나서 그 느낌대로 공을 때려보면 거리가 좀 더 나가게 된다.

마. 웨지샷과 어프로치샷

드라이버샷이 잘 맞고, 세컨드샷이 잘 맞으면 웨지샷이나 어프로치샷이 필요없이 곧바로 그린에서 퍼팅을 하면 된다. 그러나 드라이버샷의 거리가 짧거나, 세컨드샷의 거리나 방향이 그린을 벗어나면 그린 근처에서 웨지샷으로 어프로치샷을 하게 된다. 어프로치샷에서 가장 중요한 것은 굴릴 것인가? 띄울 것인가? 또는 띄워서 굴릴 것인가? 결정이 중요하다. 파 온(Par on)은 실패했지만, 아직까지 파 세이브(Par save)를 할 수 있을 기회가 남아 있으므로, 충분히 생각하고, 연습스윙을 한 후에 자신있게 웨지샷을 해주어야 한다. 자신감이 없이 망설이다가 샷을 하면 좋은 결과를 기대하기 어렵다.

아마추어가 프로를 따라 잡을 수 있는 찬스가 어프로치에 있는 것이다. 그린 근처에서 핀까지의 거리가 비교적 많이 남아 있을 경우에는 9번, 8번 Iron 등으로 하는 런닝 어프로치가 훨씬 정확도가 높다. 그렇지 않은 경우의 대부분은 웨지샷으로 어프로치를 하게 된다. 웨지샷에서 가장 중요한 점은 뒤땅을 치면 안된다. 오른팔로 클럽을 들어서 왼팔로 내려친다는 느낌이 뒤땅 방지에 도움이 된다. 핸드퍼스트 자세를 유지하는 것이 무엇보다도 중요하고, 오른쪽 무릎이 목표 방향으로 돌아가면서 공을 쳐주어야 목표 방향으로 공이 날아간다. 공과 Hole과의 목표선과 눈이 보고 있는 선의 방향이 서로 맞지 않아도 뒤땅을 칠 수 있으니 목표선에 눈을 맞추어주어야 한다.

바. 퍼팅

퍼팅(Putting)은 골프 기술 중 비교적 단순하고 쉬운 기술이지만, 경기에 미치는 영향은 가장 큰 기술이다. 즉, 골프 경기의 40%가 퍼팅이기 때문이다. 프로 골퍼들도 우승하느냐 실패하느냐는 그 날의 퍼팅 컨디션 여하에 달려 있다.

퍼팅에서 가장 중요한 것은 Green의 경사도와 그린의 Speed를 읽는 것이다. 그린에 다가가면서 그린의 경사도와 잔디의 결을 미리 파악하고 그린에 올라가서는 신중히 그린의 높낮이와 홀컵까지의 퍼팅라인을 잘 읽어내는 능력을 키워야 한다. 우선 퍼팅라인을 잘 읽어내고, 읽은 대로 쳐주는 퍼팅 기술을 습득해야 하는 것이다. 아무리 퍼팅 기술이 좋아도 퍼팅라인을 잘못 읽으면 좋은 퍼팅을 할 수가 없다. 프로들은 골프협회에서 판매하는 Yardage Book의 그린 지도를 보고 퍼팅 준비를 하니 아마추어보다는 유리한 위치에서 퍼팅을 할 수 있다.

퍼팅은 원칙적으로 정석이 따로 없다. 그러기 때문에 퍼팅은 감으로 하는 기술이라고도 흔히 말한다. 좋은 퍼팅 기술을 습득하는 최선의 방법은 감이 잡힐 때까지 반복 연습하는 것이다. 다른 샷들은 넓은 공간을 필요로 하지만 퍼팅은 별로 넓은 공간이 필요 없으므로,

집 안의 거실이나 사무실 등의 카페트 위나 연습용 매트에서 아무 때나 시간의 여유가 있을 때마다 퍼팅 연습을 생활화하는 방법이 가장 효과적인 기술 습득 요령이다.

퍼팅 그립은 특정된 방법이 없고, 손바닥이 목표선을 향하여 항상 함께 움직일 수만 있으면 된다. 퍼팅 자세에서 가장 중요한 것은, 공을 보내려고 하는 퍼팅라인에 대해 어깨를 평행으로 취하는 일이다. 양 어깨를 평행으로 취하려면 양 눈을 퍼팅라인에 맞추고 눈의 위치는 공의 수직 위에 오도록 한다. 퍼터의 샤프트와 팔이 일직선이 되는 것이 좋다.

골프 기술 중 퍼팅만은 기본 폼 없이 자기식으로 하여도 괜찮다고 하지만, 반드시 지켜야 할 원칙이 있다.

첫째, 템포를 항상 일정하게 유지하는 일이다. 즉, 멀리 보낼 때나 가까이 보낼 때 항상 같은 템포를 유지해야 한다.

둘째, 하체를 고정하고 몸의 중심이동 없이, 팔과 손으로 스윙을 해야 한다.

셋째, 눈의 위치는 공 바로 위에 있어야 하며, 손은 공보다 약간 뒤에 머무르게 한다.

넷째, 짧은 거리의 퍼팅을 할 때에는 공이 홀을 지나가게 약간 길게 때린다(Never up never in). 왜냐하면, 홀 근처는 사람의 왕래나 공이 지나가는 빈도가 가장 많은 곳이기 때문에 홀까지 굴러가는 사이에 방향이 바뀌어 자연 실패할 확률이 많아지기 때문이다.

다섯째, 10M에서 20M의 중간 정도 거리의 퍼팅은 공이 홀을 지나가지 않을 정도로 밀어친다. 공이 일단 홀을 지나가게 되면 홀 뒤의 잔디 상태가 홀 앞의 잔디 상태와 다르기 때문에 처음 퍼팅이 참고가 되지 않아 또 실패할 가능성이 높아지기 때문이다.

여섯째, 20M 이상의 먼 거리 퍼팅일 때에는, 한 번에 홀에 넣으려고 하지 말고 홀을 중심으로 1M 정도의 지름을 가진 임의의 원을 머릿속에 그려놓고, 공을 그 원 안에만 들어가게 보내주면 쓰리 퍼팅을 피할 수 있다.

일곱째, 공을 어느 정도의 세기로 칠 것인가는 그 날의 그린 스피드, 다운힐, 업힐인가에 따라 그 동안의 경험을 거울 삼아, 일단 퍼팅 라인과 힘의 세기를 마음속으로 결정했으면, 다른 걱정이나 집념은 떨쳐 버리고 소신껏 퍼팅해야 한다. 너무 많은 생각은 오히려 집중력을 떨어트려 좋지 않은 결과를 초래한다.

마지막 원칙은, 틀림없이 홀 안에 집어넣을 수 있다는 Confidence를 가지고 퍼팅을 해야 한다. 확신이 없으면 홀컵은 외면한다.

그린 위에서 주의해야 할 사항은, 자신의 플레이에만 집중하여 다른 사람의 플레이를 방해하는 일이 없도록 해야 하는 점이다. 다른 사람이 퍼팅할 때에는 일체 움직이지 말고 조용히 해 주어야 하고, 상대방의 퍼팅라인을 밟지 않도록 조심하며, 특히 자신의 그림자가 다른 사람의 퍼팅라인에 비치지 않도록 유의해야 한다.

퍼터의 선택

과거에는 Blade형이 대세였으나 요즈음은 다양한 형태에 Mallet형 퍼터가 유행하고 있다. 각각의 특성을 살펴본다.

① Blade형
무게중심이 Head의 Toe 쪽에 있다.
부채꼴 모양의 스트로크가 적합하다.

② Mallet형
무게중심 Face 면에 있다.
시계추 Stroke가 적합하다.

두 가지 형태의 Putter 중 어느 것을 선택할 것인가는 전적으로 개인의 선호도이다. 그러나 가장 중요한 것은 자신의 신장과 팔 길이 등에 맞는 길이의 퍼터를 선택해야 한다. 퍼팅 방법에는 정석이 없다고 하지만 두 가지의 퍼팅 방법을 소개한다.

첫째는 좌우 대칭 퍼팅 방법으로 오랫동안 많은 골퍼들이 애용하는 방법이다. 백스윙 크기와 같은 크기로 Follow를 해주는데 부드럽게 죽 밀어주어 거리를 맞추는 방법이다.

둘째는 백스윙의 크기로 거리를 조절하되, 임팩트(Impact) 시 Follow 없이 목탁 치듯이 공을 짧게 쳐주는 방법이다. 빠른 그린에서 Line의 경사를 덜 타게 되어 Short putt의 성공률[주5]을 높여줄 수 있다고 한다. 어느 방법을 습득하는가는 전적으로 개개인의 선택이지만, 자기 자신에게 맞는 퍼팅 방법을 선택하였으면 연습을 통하여 자신만의 퍼팅감을 익히도록 해야 한다.

퍼팅 시 주의해야 할 점은

첫째, 왼손 그립은 좀 강하게 잡아주어서 퍼팅 시 방향이 흐트러

주5) 골프 교습서에 의하면 퍼팅은 부드럽게 죽 밀라고 한다. 절대로 때리는 스트로크를 하지 말라고 가르친다. 이것은 3m가 넘는 긴 퍼팅에서나 통하는 얘기다. 세 걸음 이내의 짧은 퍼팅은 때리는 것이 더 잘 들어가는 경향이 있다. 때리는 퍼팅은 방향은 정확하지만, 거리 맞추기가 어렵기 때문에 긴 퍼팅에서는 불리한 것이 사실이다. 하지만 짧은 퍼팅에서는 거리보다는 직진성이 더 중요하기 때문에 때리는 퍼팅이 더 유리하다. 대부분의 프로는 짧은 퍼팅은 때린다. 더구나 그린이 느린 한국 골프코스에서 부드럽게 밀어치려다 보면 항상 짧아서 안 들어간다. 짧은 것을 의식하고 좀 더 큰 스트로크로 밀어치려다 보면 궤도가 흔들려서 왼쪽으로 잡아당기는 퍼팅이 나올 수밖에 없다. 또한 브레이크가 심한 사이드 힐 라인에서의 짧은 퍼팅은 철저히 때리는 퍼팅으로 공략해야만 한다. 홀 위쪽에 목표지점을 정하고 그 지점을 향해 짧게 끊어 쳐야만 브레이크를 덜 먹고 홀인이 가능하다. 이때 부드럽게 밀어주면 언제나 홀 앞에서 급격히 꺾이면서 아마 사이드로 빠진다.

지지 않게 해야 한다.

둘째, 공 뒤를 Square로 밀어주어야 공이 똑바로 굴러간다. 정타를 위한 연습 방법으로는 양 팔꿈치에 수건을 끼고 앞으로 나란히 자세를 취한 뒤 스트로크 연습을 하면 체중 이동 없이 정타를 치는 좋은 연습이 된다.

셋째, 왼쪽으로의 Hook line이나, 오른쪽으로의 Slice line일 경우 Speed를 높게 해서 경사도를 더 볼 것인가, 아니면 스피드는 낮추어서 경사도를 더 보고 태울 것인가는 연습을 통해서 감으로 습득하는 것이 좋다.

넷째, Short putting은 방향, Long putting은 거리감이 중요한 바, 방향성을 확보하는 연습과 거리감을 익히는 연습을 꾸준히 하여 퍼팅감을 몸에 배도록 해야 실전에서 유용하게 적용할 수 있다.

사. 연습장에서 무엇을 연습할 것인가?

매일 1~2시간씩 골프연습장에서 땀을 뻘뻘 흘리면서 연습을 하는데도, 골프 실력이 늘지 않는 친구가 있었다. 스윙 연습을 하면서 목적의식 없이 스윙 연습기에서 자동으로 나오는 Ball을 무조건 많이 치다 보면 스윙 원리를 깨칠 것이라는 생각을 한다. 이 친구는 골프스윙을 연습한 것이 아니고, 단순히 땀 흘리는 운동을 하고 스스로 만족하고 있었던 것이었다. 결론은 더 나쁜 스윙만 몸에 익혀져서 골프 실력은 더 엉망이 되었고 골프에 흥미를 잃어가게 되었다.

한국의 골프연습장은 대부분 매트 위에서 연습을 하게 되어 있어서, 정확한 Iron 샷 연습이 어렵다. 소위 Duff Shot, Fat Shot이라고 하는 뒤땅이 나와도 매트에 밀려서 공이 나가다 보니, 자기 샷이 잘 되었는지 판단이 어렵다. 외국 Country Club에 가면 천연 잔디 위에 볼을 놓고 바로 연습을 하게 되어 있어서, 잔디에 Divot을 내면서 연습할 수 있어 소위 Down Blow Shot 연습이 가능하다. 뒤땅을 치면 잔디가 파이면서 공이 잘 뜨지 않게 된다.

정확한 Iron Shot 연습을 위해서, Ball을 매트 뒤쪽에 놓고(끝에서 10㎝ 안쪽) 연습하면, 뒤땅이 나오면 골프채가 매트끝을 때려 공을 못 치게 되어 바로 스윙이 잘못됨을 알 수가 있을 것이다. 이와 같이 연습장에서는 자기가 부족한 Shot을 교정하기 위한 목표의식을 정해놓고 연습을 해야 골프 실력 향상에 도움이 된다.

아마추어의 제일 많은 실수가 Alignment이다. Hole을 향해 Square로 Set up 하는 것이 잘 안 된다. Ball 앞에 1~5M 전방 Hole과 직선 방향으로 작은 목표를 정해놓고 Set up을 하는 연습을 하면 Alignment를 바로 잡는데 조금은 도움이 된다.

그리고 다운스윙에서 골프 클럽을 Ball 앞으로 30㎝ 정도 길게 뻗어주어야 Ball 방향도 좋아지고, 거리도 향상되는데 이를 연습하기 위해서는 Ball 두 개를 30㎝ 앞 뒤로 정렬하고, 스윙하면서 Ball 두 개를 모두 맞추는 연습을 하면 길게 뻗어주는 스윙에 도움이 된다.

특히 아마추어가 Short Game에 약한데, 100야드 이내에서, 90야드, 80야드, 50야드, 30야드 등의 다양한 거리를 웨지, 퍼팅, 9번 아이언, 8번 아이언 등으로 공을 띄워서 또는 굴려서 거리 맞추는 연습을 꾸준히 해서 숙달이 되면 Short game이 좋아지고, 스코어도 줄어들게 된다.

벙커샷 연습장이 따로 있는 곳이 많지 않아서 벙커샷 연습을 위해서는 특별히 모래가 많은 해변의 백사장이나, 학교 운동장의 백사장 등에서 집중적으로 하루에 1~2시간씩 한 달만 연습하면, 어떠한 벙커샷도 자신 있게 탈출할 수 있게 되고, Confidence가 생기면 Par Save도 가능하게 된다.

세계 최고의 선수들이 우승을 결정짓는 최대 무기는 바로 뛰어난 퍼팅 실력이다. 드라이버의 거리, 페어웨이 안착률, 그린 안착률 등도 중요하지만, 우승을 하는 프로들은 인터뷰에서 항상 퍼팅이 잘돼서 우승했다고 말한다. 이는 퍼팅이 스코어를 줄이는 데 얼마나 중요한지 알려주는 대목이다. 퍼팅은 라운드 중 50% 정도를 차지할 정도로 중요하다. 아무리 300야드 이상의 장타를 친다 해도 퍼팅이 안 되면 무용지물이다. 홀컵의 지름은 108mm 정도다. 골프는 서양의 스포츠지만 동양의 불교사상인 108번뇌를 떠올리게 한다. 온갖 고난과 역경을 참고 이겨내야만 108mm의 홀 속에 공을 넣을 수 있다.

퍼팅연습은 집에서도 퍼팅 매트를 통해서 얼마든지 할 수 있다. 퍼팅연습의 처음은 퍼터 Head의 정중앙인 스윗스팟(Sweet Spot)에 공을 맞추는 연습을 해야 한다. 스윗스팟(Sweet Spot)에 퍼터 Head를 정확히 맞추려면 최대한 Head를 낮게 움직여주어야 한다. 이를 위해서 동전 두 개를 겹쳐놓고 스트로크를 하면서 위의 동전만 밀어내는 연습이 도움이 된다. 처음에는 위에 있는 동전만 맞추기가 어렵지만, 연습을 통해 스윗스팟(Sweet Spot)에 맞게 될 것이다. 이 연습은 Head up 방지에도 도움이 된다.

다음은 일관된 퍼팅 궤도를 유지하는 연습이 필요하다. 30cm 자 하나면 정확한 방향으로 스트로크를 마스터할 수 있다. 스트로크는 백스윙 궤도와 팔로스로우 궤도가 하나의 일자 궤도가 돼야 방향성이 정확해진다. 궤도가 같아지게 하기 위해 30cm 자 위에 퍼터 헤드를 올려놓고 스트로크 연습을 한다. 자를 벗어나지 않도록 스트로크를 연습한다. 자를 활용해 얼라인먼트 연습도 가능하다. 얼라인먼트의 정확성을 체크해보기 위해 자신의 목표 설정이 맞는지 자를 목표

선에 일치하도록 대고 퍼터 헤드를 대어보는 것이다. 이런 반복적인 훈련을 통해 정확한 조준을 할 수 있는 능력이 키워질 것이다. 퍼팅에서 Ball을 똑바로 보내기 위해서는 왼손의 그립을 약간 강하게 잡아 고정시킴으로서 스트로크 도중에 왼손의 좌·우 흔들림을 방지하는 연습이 가장 중요하다. Ball 뒤에 Putter head를 Square로 대고 왼손목이 고정된 채로 스트로크가 이루어지는 연습을 꾸준히 해야 한다.

그리고 나서는 거리감을 갖기 위한 연습이 중요하다. 3M, 5M, 10M 거리의 퍼팅을 어느 정도의 백스윙으로 또는 어느 정도 강도를 쳐야 하는가를 머리와 몸이 동시에 감을 잡아야 한다. Field에서는 그린 읽기가 제일 중요하다. 그린에 올라가기 전에 높낮이를 파악하고 그린 스피드를 감안하여 퍼팅 거리와 Speed를 그 골프장의 컨디션에 맞게 조절해야 한다.

연습장에서의 연습순서는 Short Iron부터 시작해서, 점차 Long Iron, Wood, Driver로 연습을 하는 것이 모든 프로들이 권하는 순서이다. 무조건 많은 Ball을 치기보다는, 매 샷을 Field라고 생각하고, 방향, 거리를 정확히 맞추는 연습을 해야 실전에 도움이 된다.

아. Trouble Shot

골프 스코어를 줄이려면 기본 스윙도 숙달되어야 하지만, Trouble에 빠졌을 때 Recovery shot을 잘해서 Par Save의 확률을 높여야 한다. Rounding 중에 극복해야 하는 Recovery Shot에 대해 정리해 보았다.

① 그린 주변의 깊은 러프에서의 어프로치
- Wedge를 사용하여 풀의 저항이 강하므로 Grip을 단단히 해야 한다.
- Club face는 Open시키고 Ball 뒤 2cm 풀을 Out-In 스윙으로 직접 가볍게 쳐준다. 그러면 클럽이 풀을 치면서 볼이 떠서 나간다.
- Ball을 직접 치면 미스샷 유발할 수 있으니 주의해야 한다.
- Impact는 부드럽게 하도록

② 잔디가 없는 맨땅에서의 어프로치
9-8번 아이언으로 퍼팅하듯이 밀어준다.
양팔은 삼각형 유지하고 Hand first 자세로 손목 사용하지 말고 밀어준다.

③ 뒤땅과 토핑 방지 요령

뒤땅은 손보다 Club Head가 먼저 나가면서 체중 이동이 없이 즉 오른손으로 공을 때리려고 할 때 발생한다. 이를 방지하기 위해서는 다운스윙에서 하체가 리드하는 왼쪽으로의 체중 이동이 이루어지면서 다운스윙이 이루어지면, 오른손으로 Ball을 내려치는 Casting이 발생하지 않게 되어 뒤땅이 없어진다. 그립을 짧게 잡고 오른쪽 허리까지 클럽을 내린 다음 Impact 해주는 연습을 하면 뒤땅이 없어진다.

Topping은 전형적인 아마추어의 Head up 현상으로 Ball을 퍼올리는 샷을 하려고 할 때 나타난다. 다운스윙이 왼편으로의 Turn과 함께 양팔을 뻗어주는 스윙을 하면 토핑은 없어진다. 양팔을 뻗어주려면 Head up을 할 수가 없다.

④ 공이 발보다 낮은 경우

• 80~90%의 스윙밖에 할 수 없으므로 평소보다 한두 클럽 길게 잡고, 그립은 길게 잡아서 Balance를 유지하고,

• 평소보다 넓게 서서 무릎은 많이 굽히고 공은 스탠스 중간에 위치시킨다.

• 하체는 고정하고 팔로만 스윙을 해야 한다.

오른발이 지면에서 떨어지면 하체가 흔들려서 정확히 볼을 맞힐

수가 없고, 심하면 생크가 생길 수 있다.

⑤ 공이 발보다 높은 경우
- 평소보다 클럽을 길게 잡고
- 왼발을 45° 이상 열어서 훅을 방지해야 한다.
- 공은 스탠스 중앙에 놓고 그립은 짧게 잡는다.
- 천천히 가볍게 팔만 쓰는 스윙을 해야 한다.

⑥ 공이 티봇에 들어간 경우
- 한 클럽 짧게 잡고 그립은 짧게 잡고 Face는 Close 시킨다.
- Target 보다 오른쪽을 겨냥하여 클럽페이스가 닫힌 상태로 Impact해야 한다.

⑦ 생크 발생할 때

지나치게 Inside로 다운스윙하려고 할 때 클럽이 지나치게 Outside로 빠지면서 Face가 열린 상태로 Impact되어 생크가 발생한다. 또한 Impact 순간에 머리와 상체가 앞으로 쏠리면서 생크(Shank)가 발생하기도 한다.

이를 방지하기 위해서는 임팩트 순간에 Club Face를 닫아주면서 Impact를 해주어야 한다. 또한 신발 앞쪽으로 공을 밟고 체중을 발뒤꿈치에 두고 스윙연습을 하면 머리가 앞으로 쏠리는 현상을 방지할 수 있다.

⑧ 왼발이 낮은 경사면에서의 Shot(Downhill lie)

• Ball은 오른발 앞에 두고(머리를 Ball보다 앞에)

• Target보다 왼쪽을 겨냥하고 왼발, 허리, 골반, 무릎을 낮게 유지하고

• Club은 Loft가 큰 클럽으로 한두 클럽 짧게 잡는다.

• 체중 이동은 어려우므로 부드럽게 3/4 스윙으로, 무릎 굽힘 각도를 유지하고, 백스윙은 가파르게 올리고 손목 코킹은 유지하면서 다운스윙은 경사면을 따라서 Impact를 해 준다.

• 상체가 앞으로 나오는 Finish를 해야만 임팩트 이후 클럽헤드가 지면에서 낮게 나갈 수 있다.

• 볼을 치고 난 뒤 앞으로 걸어가는 느낌으로 샷을 하면 클럽헤드를 지면에 낮게 가져갈 수 있다.

• Wood로 Shot을 할 때는 백스윙 시 오른쪽으로 감아 주어야 한다.

• 경사가 심하면 Club Face는 약간 Open하고 손목은 가급적

쓰지 말아야 한다.

⑨ 왼발이 높은 경사면에서의 Shot(Uphill lie)

• Ball은 중앙에 두고

• Club은 1-2클럽 길게 잡고, 그립은 짧게 잡는다.

• Target보다는 오른쪽을 겨냥해서, 상체 회전만으로 스윙

• 백스윙은 Flat하게 해서 Impact 순간에 Finish한다는 생각으로 다운스윙을 짧게 마친다. (단, 롱 아이언은 Finish 길게 해준다.)

• 오른발에 체중을 더 싣고, 오른쪽 무릎을 더 구부린다.

⑩ 깊은 러프에서의 Shot

• Grip은 강하게 하고, 클럽은 1~2클럽 내려서 잡는다.

• Ball은 중심에서 오른쪽에 두고, 백스윙은 가파르게 해서 볼 뒤 잔디로 다운블로 Shot을 하면 러프에서 쉽게 나온다.

• Run이 많이 발생하므로 Green 공략 시에는 거리 조절이 필요하다.

⑪ 맞바람이 세게 불 때

Tee는 평소보다 낮게

Ball은 평소보다 오른쪽으로 두고

백스윙은 가파른 스윙보다는 Flat한 스윙으로 부드럽게 Impact 해야 바람을 이겨낼 수 있다. 세게 Impact하면 백스핀이 커져서 Ball 이 뜨고 바람을 더 많이 타게 되어 비거리가 안 난다.

⑫ Bunker Shot(Green Side)

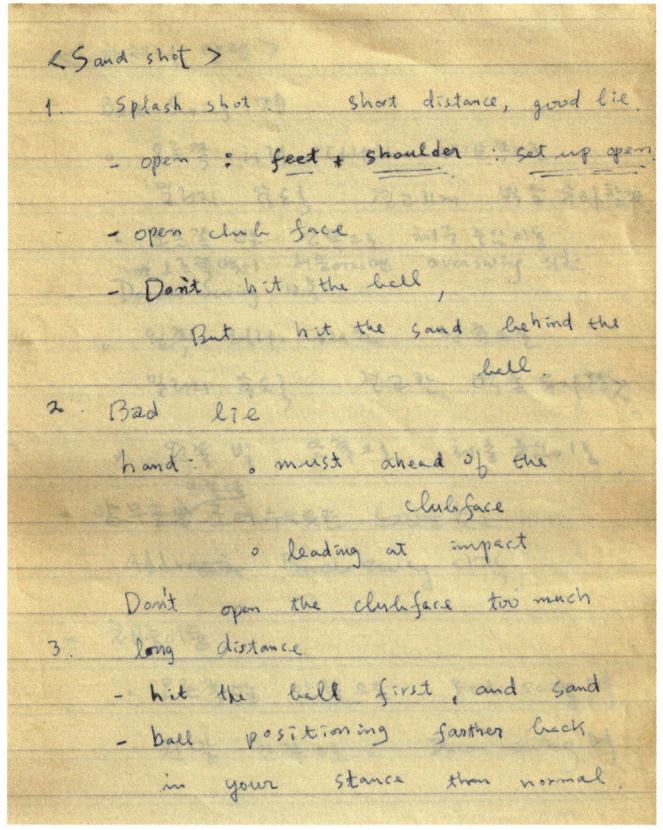

- 양발을 모래에 묻어 고정시키고, Ball은 스탠스 중앙에 둔다.
- Club face는 Open하고 팔과 클럽이 일직선이 되게한다.
- 목표보다 왼쪽으로 어드레스하고, 스윙 궤도는 Out-In 스윙으로 백스윙 시 Toe가 Open되도록 한다.
- 손목의 힘을 빼고 최대한 Head 무게로 다운스윙한다.
- 임팩트시 머리는 Ball보다 왼쪽에 남아 있어야 정확한 다운스윙이 가능해진다.
- 반드시 Club head가 손보다 더 먼저 나가는 스윙을 해야 하며 일자로 세우는 피니시를 한다. (Impact 순간에 손목에 힘빼 주어야 Club이 먼저 나간다.)
- 손이 먼저 나가면 헤드 무게를 느낄 수가 없다.
- 거리는 Back swing 크기, Finish 길이, Head speed 등으로 자신에 맞추어 조절한다.

⑬ Bunker Shot(왼발이 높은 경우)
- 공은 스탠스 중앙에, 머리는 공 위에 둔다.
- 코킹을 빨리 하고, 체중을 좌우 50:50으로 유지하고
- 체중을 왼발로 이동시키면서 임팩트하고 피니시는 짧게 한다.

⑭ Bunker Shot(왼발이 낮은 경우)

- 그립은 짧게 잡고
- 공은 중앙에서 오른쪽에 두고,
- 오른발을 깊게 묻어 왼발과 높이를 맞추고
- 머리는 공보다 왼쪽에 위치하고 오른쪽 어깨는 약간 높게 어드레스 한다.
- 가파르게 백스윙하고 헤드 무게로 임팩트한다.
- 임팩트 이후 체중을 반드시 왼쪽으로 이동해야 하며, 클럽 Head를 낮게 유지하면서 피니시 한다.
- 런이 많으므로 이 점을 감안해서 샷을 해야 한다.

⑮ 모래에 박힌 Bunker Shot

- 공은 스탠스 중앙보다 공 한 개 정도 오른쪽에 위치시키고
- Club Face는 Close시키고
- 가파른 백스윙으로, 모래를 깊이 쳐주는 임팩트 후에 피니시는 클럽이 가는대로 둔다.

⑯ Bunker shot(40-50M)

- Lie가 좋을 때는 Sand wedge를 Square face로 공을 직접 맞

추어서 Approach하듯이 친다.

 • Swing궤도는 Inside→Outside를 유지해야 공을 직접 맞춘다,

 • Lie가 나쁠 경우는 9번이나 Pitching wedge로 Club face open해서 거리를 맞추어 친다.

⑰ Bump and Run

 • Club Face는 Close 시키고

 • Grip은 강하게 잡고

 • Green 앞에 떨어뜨려 굴러가게 한다.

 • 절대로 머리는 고정해야 한다.

⑱ 페어웨이 벙커샷

 • 모래에 발을 묻고 그립은 짧게 잡고, 클럽은 평소보다 큰 클럽을 잡는다.

 • 공은 스탠스 중앙에 두고 토핑볼을 의도적으로 만들어 쳐야 한다.

 • 보통 Shot보다 30% 정도 힘 빼주고 가볍게 공 중앙을 Impact해서 Finish 자세를 잡아야 한다.

 • 절대 모래를 먼저 치면 안 된다.

⑲ 그린에지 러프에 Ball이 있고 그린이 바로 붙어있을 때

56° Wedge로 Putting 하듯이 공머리를 밀어준다.

⑳ Flop Shot을 해야 하는 경우

(Ball 바로 앞이 벙커나 해저드이고 Green으로 바로 연결되는 경우)

 • 클럽 Face는 열고, Face가 하늘을 향한다.
 • Ball은 왼발 앞에 두고
 • 백스윙은 얼리 코킹으로 가파르게
 • Grip 끝이 그대로 유지된 채로, 왼손이 밀고 나가는 느낌으로 허리를 회전하는 Swing을 해준다.

KNOWHOW 05

Find Your Tempo

KNOWHOW 05

Find Your Tempo

좋은 샷을 날리기 위한 가장 중요한 것이 무엇일까? 백스윙, 다운스윙 시 체중 이동, 임팩트 순간까지 볼 보기, 릴리스, 피니시 등 중요하지 않은 스윙의 동작이 하나도 없겠지만, 전체 스윙 동작이 이루어지는 시간이 2초 내외의 짧은 순간이다 보니 이 모든 스윙메카니즘을 생각할 겨를이 없이 스윙이 이루어진다.

많은 프로 선수들이 최종적으로 스윙에서 가장 중요한 점은 한결같이 스윙의 템포를 꼽고 있다. 티오프 직전에 첫 티샷을 치기 전에도 그날의 자기만의 스윙템포를 찾으려고 노력한다고 한다. 여기서 Tempo란 동작이나 움직임의 빠르기를 말한다. 스윙템포, 스윙빠르기, 스윙속도, 스윙 페이스도 비슷한 말이다.

Timing이란 말도 비슷하게 쓰이고 있다. 타이밍이 나빴다, 혹은 타이밍이 안 맞는다, 타이밍을 놓쳤다는 표현은 Impact 순간에 클럽 헤드가 볼을 맞히는 순간에 클럽 헤드 스피드가 Maximum으로 스피드를 내지 못하게 맞는 느낌을 말한다.

스윙이 이루어지는 짧은 순간에 자신의 그 날 컨디션에 맞는 자기만의 스윙 템포를 찾는 것이 그날 라운딩의 성공 여부를 결정짓는 다고 할 수 있다. 자신의 스윙템포를 Find하는 것이다, Invent 하는 것이 아니라 Find하는 것이다. 이미 자기가 알고 있는 자기 몸이 기억하고 있는 자신만의 템포를 찾아낸다는 뜻이다. 새로이 창조해서 만들어낸다는 의미가 아니고 이미 있는 것을 발견하고 찾아낸다는 의미이나.

그렇다면 스윙템포를 어떻게 찾을 것인가?

물론 연습을 통해서이다. 어떤 연습을 어떻게 해야 할 것인가?

스윙의 템포를 익히는 연습은 숏 아이언이나 웨지로 하는 것이 좋다고 한다. 샤프트 길이가 짧아서 스윙의 기본을 지키기가 쉽고, 거리에 욕심을 내지 않고 스윙을 하게 되어 스윙템포를 찾기가 쉽다고 한다. 아이언을 두 개 들고 스윙연습을 하는 것도 스윙템포 찾는 데 도움이 된다고 한다.

드라이버나 롱아이언 등으로 연습을 하는 것은 거리를 내기 위해 쓸데없는 힘을 넣을 수가 있고 샤프트가 길다 보니 단계별 스윙메커니즘을 생각하면서 스윙을 하다 보면 스윙템포를 찾기가 어려울 수 있다고 한다.

그러나 스윙의 템포를 찾는 것은 전적으로 개인의 스윙습관, 근력, 스윙 스피드, 그날의 컨디션에 따라 달라지므로 본인이 본인만의 템포를 항상 유지하는 노력을 해야 한다. 특히 라운드 도중에 장타 치는 동반자의 영향을 받아 자기도 모르게 장타 치려는 욕심이 앞서 스윙이 빨라지기 시작하면 자신의 템포를 잊어버리게 되고 미스샷이 나오기 시작하면 그날의 라운딩을 망칠 수도 있음을 명심하고 라운드 도중에도 매 홀이 끝나고 티샷을 할 때마다 자신만의 루틴 연습으로 스윙템포를 유지하도록 노력해야 한다. 자신의 템포를 유지하기 위해 동반플레이어가 스윙하는 것을 쳐다보지도 않는 골퍼들도 있고 심지어 프로들도 동반자의 스윙을 애써 외면하는 경우가 있는 것을 보면 18홀 내내 자기 스윙템포를 유지하는 것이 어려운 것 같다.

KNOWHOW 06

Pro Golfer들이 알려주는 Knowhow

KNOWHOW 06

Pro Golfer들이 알려주는 Knowhow

(1) PGA 프로들과 라운딩

1996년, 1997년 두 차례에 걸쳐 골프 시작한 지 처음으로 PGA의 Pro-am대회에 초청받아 참가하게 되었다. 미국 Connecticut주 Cromwell이라는 작은 도시에 있는 TPC River Highlands에서 개최된 Canon Greater Hartford Open에 초청받아 2년간 연속으로 참가하였다.

2007년부터 Travelers Championship이 개최되고 있는 TPC River Highlands는 1952년도 Insurance City Open을 시작으로 1989년부터 Canon Greater Hartford Open으로 변경되어 PGA 경기가 개최되었다. 2004, 2005, 2006년은 Buick Championship으

로 바뀌었고, 2007년부터 Travelers Championship으로 변경되어 PGA 경기가 개최되는 전통과 유서 깊은 곳이다.

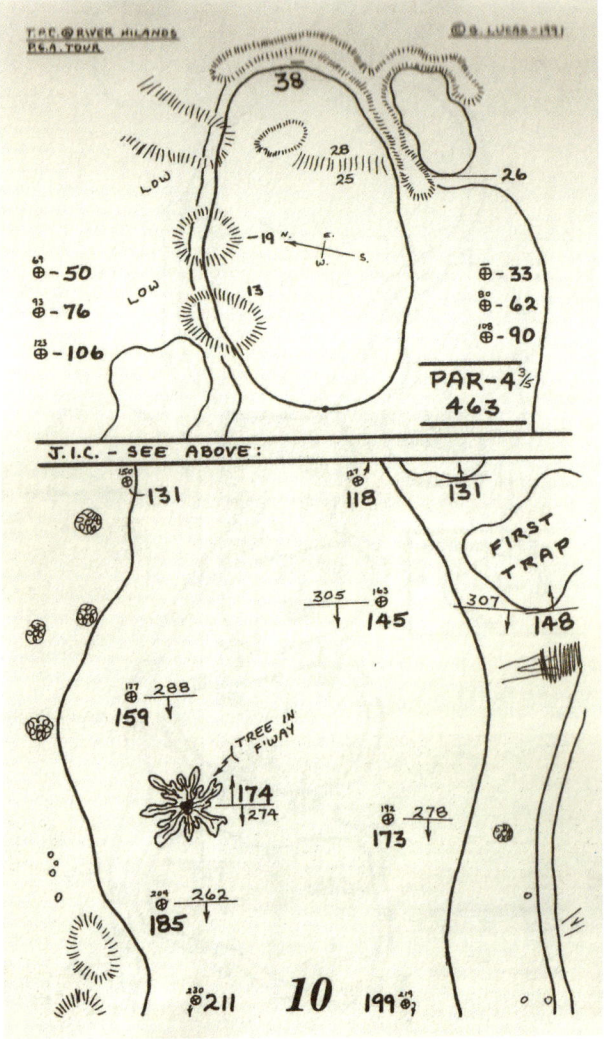

프로암대회에서 사용한 Yardage book

프로암에 참가하려면 참가자의 핸디캡을 신고하고, 참가자의 전용캐디를 신고하면 캐디가 나의 전용캐디라는 표시가 된 천으로 된 마크를 옷에 걸치고 캐디 역할을 하게 되어 있었다. 프로 1명에 아마추어 3명이 같이 Play를 하니 한 팀에 캐디까지 8명이 같이 움직이게 되어 있었다.

티샷 순간

Skinner 프로의 퍼팅

프로암대회 시 사용한 캐디표시

18홀 내내 나를 응원하며 따라다녔던
골프 지망생 어린이

함께한 동반 플레이어 George Finley와
그의 아들

같이 플레이했던 미국 아마추어 골퍼들

휴식 중

경기방식은 한국에서는 약간 생소한 스테이블 포드(Stable Ford) 방식으로 운영이 되었고, 매 홀마다 파트너들의 점수 중 가장 좋은 점수를 그 팀의 점수로 계산하는 방식인데 파트너들 덕분에 두 대회에서 모두 입상을 했던 기억이 난다.

스테이블 포드 방식을 부연설명 하자면

핸디캡이 0인 사람의 경우 홀의 스코어가

파 : 2점

버디 : 3점

이글 : 4점

보기 : 1점을 받게 되고

핸디캡이 9인 사람의 경우는 인덱스 1~9번까지는

더블보기 : 1점

보기 : 2점

파 : 3점

버디 : 4점

이글 : 5점을 받게 되고

인덱스 10이상의 홀에서는

보기 : 1점

파 : 2점

버디 : 3점

이글 : 4점을 받게 되어

모든 점수를 합산하여 그 골퍼의 점수를 계산하여, 가장 많은 점수를 획득한 사람이 우승하게 되는 것이다. 그러나 팀 Competition에서는 팀원 각각의 핸디캡에 따라 획득한 점수 중 최고 점수를 그 팀의 성적으로 계산하는 방식이다.

97년도 대회에서 파4에서 필자가 생애 첫 번째 샷 이글을 하면서 5점을 획득하여(Handicap 홀이었음) 우리 팀의 우승에 큰 기여를 하였다. 경기 후에 같이 플레이한 PGA 프로의 이름이 새겨진 이글 기념패를 받아서 아직도 간직하고 있다.

이글 기념패

스테이블 포드(Stableford) 방식의 스코어 카드

Pro Golfer들이 알려주는 Knowhow | 143

가. Dave Barr

1996년 Canon Greater Hartford Open에서 만나 같이 Play한 PGA 프로인 Dave Barr 는 캐나다 태생의 1952년생으로 1974년 프로입문하여 캐나다 Tour와 PGA Tour 통산 18승을 이루 었고, 2000년도에 캐나다 Golf Hall of Fame에 입회하였다.

처음 보는 PGA 프로의 어마어마한 드라이버샷과 정교한 숏게임 에 감탄하다 보니 게임이 다 끝나가고 있을 정도로 많은 감명을 받았

던 프로이다. 중후한 인상에 조용히 플레이하던 그가 9홀 끝나고 쉬는 시간에 왼쪽 벽을 만들면서 스윙이 되어야 한다고 짧은 Tip을 주었다.

나. Sonny Skinner

1997년도에 Canon Greater Hartford Open에서 같이 Play한 PGA 프로 Sonny Skinner는 Virginia 태생의 1960년생으로 1982년 프로에 입문한 젊고 쾌활한 선수로 프로 통산 4승을 이루었고, 2008년은 "올해의 PGA Professional"로 선정되었고, 2010년도 "올

해의 Senior PGA Professional"
로 선정된 많은 가능성을 가졌던
프로였다.

키도 별로 크지 않은 나 정도의 신체조건을 갖추었는데도 품어내는 파워와 정교한 숏게임이 인상적이었고, 특히 숏게임에서 스윙시 과감하게 클럽 헤드 스피드를 가속화시켜야(Accelerate club head speed) 뒤땅을 방지한다는 점을 강조해주던 기억이 생생하다.

(2) 프로들이 알려주는 스윙 Tip

가. 나상욱 프로

케빈나(나상욱)은 한국에서보다 미국에 더 이름이 알려져 있는 재미 교포 프로이다.

시합때마다 스폰서를 맞고 있는 타이틀리스트 회사에서 커다란 리무진 트럭에 타이틀리스트에서 보유한 모든 기자재를 싣고 골프장에 대기하면서 나상욱 프로의 컨디션에 맞추어 드라이버, 아이언 등을 새로이 Fitting을 해주고 있단다. Drive의 Loft 각도, Shaft 강도, Iron의 Loft, Shaft 강도 등을 골프장의 여건, 바람, 신체적인 컨디션에 맞추어 항상 새롭게 Fitting을 하고, 스윙코치로부터 매 라운딩 전·후에 스윙 교정을 받고, 그리고 연습을 하고 라운딩에 임한다고 한다.

아마추어보다 너무도 좋은 환경과 조건으로 플레이하는 프로들이 어쩌면 골프를 못 치면 이상한 것이란 생각이 들었다. 전문 캐디가 거리, 바람, 방향 다 알려주고, 퍼팅그린도 읽어주고, 러프에 들어간 볼도 갤러리와 경기진행위원들이 다 찾아주고 프로는 공만 치면 되니, 모든 것을 본인이 해야 하는 아마추어가 프로만큼 골프를 잘할 수 없는 것이 너무도 당연하다는 생각이 들었다.

나상욱은 1983년생으로 1991년 초등학교 때 미국으로 이민 간 직후부터 골프를 시작했다. 이후 나상욱은 100개가 넘는 대회에서 우승컵을 안는 등 미국 주니어 무대를 평정했다. 12세 때 US 주니어 골프 선수권 대회 본선에 진출, 미국골프협회(USGA)가 주관하는 대회 사상 최연소 출전 기록을 세운 것은 물론 99년과 2000년에는 타이거 우즈가 91년 우승을 차지했던 로스앤젤레스시티 챔피언십을 2연패 하기도 했다. 이 같은 천재성을 알아본 타이거 우즈의 스승 부치 하먼은 투어 정상급 선수만 레슨 해온 관례를 깨고 나상욱을 지도해주었다고 한다.

181㎝, 75kg의 체격에서 나오는 깔끔한 스윙과 아이언샷의 정교함, 강인한 승부근성이 돋보이는 나상욱은 프로는 2001년 프로로 전향하면서 곧 우승할 것이라는 평가가 있었지만 생각보다 쉽지 않았다. 늘 뒷심 부족을 드러내면서 번번이 실패했고 211번째 도전에 2011년 저스틴 팀버레이크 슈라이너스 아동병원 오픈에서 첫 우승을 하였다.

　그 이후 두 번째 우승까지도 약 7년(6년 9개월)이라는 시간이 걸렸다. 158번째 도전만이었고 그 사이 준우승만 6번이 있었지만, 드디어 두 번째 우승을 웨스트버지니아주 화이트 설퍼 스프링스의 올드 화이트 TPC에서 개최된 PGA투어 밀리터리 트리뷰트에서 거머쥐었다. 화려한 장타보다는 정교한 Short game과 환상적인 퍼팅이 어우러져 우승을 하게 되었다고 한다. 미 PGA에서 장타가 아니었기에 Short game 능력을 키우는데 집중하여 Short game이 자신의 강점이 되었다고 한다.

　케빈나가 한국 골프 팬들에게 이야기 하고 싶은 것은 자기가 미국 PGA에서 우승은 자주 못하지만 그래도 꾸준히 20위 내에서 순위를 유지하고 있는데, 이 정도면 적어도 한국 KPGA에서 우승 몇 번 하는 것보다 훨씬 더 많은 상금 수입을 기록하고 있다고 하였다. 현재까지 통산 상금 누적액이 270억 원을 넘는다고 알려졌다. 한국 프로들도 무조건 미국 PGA를 도전해서 넓은 세상으로 나와서 경쟁해야 한다고 역설하고 있다. 그러면서 미국 PGA는 한 번 Member가 되어서 20위 내에서만 유지할 수 있으면, 노후 걱정은 할 필요가 없단다. PGA 프로들을 위한 연금 프로그램이 좋아서 상금의 20% 내외를 연금으로 적립하면 노후에 아무 걱정 없이 살아갈 수 있다고 미국 PGA 입문을 적극 추천하고 있다.

드라이버 거리도 좋고 정교한 아이언샷을 자랑하는 나상욱 프로도 어이없는 실수로 파4에서 16타를 기록한 적이 있는 것을 보면 프로 골퍼로서 성공하는 것이 험난하기 짝이 없는 것이다. 2011년 4월 15일 미국 텍사스주 샌안토니오의 티피시(TPC) 샌안토니오 에이티앤티(AT&T) 오크스 코스(파72 / 7522야드)에서 열린 미국 프로골프(PGA) 투어 발레로 텍사스 오픈 1라운드 9번 홀(파4 / 474야드)에서 나상욱은 샷 난조를 보이며 16타를 기록한 적이 있다.[주6]

주6) 나상욱의 기록은 1998년 베이힐 인비테이셔널 6번 홀(파5)에서 존 댈리가 기록한 18타, 1938년 유에스오픈에서 레이 아인슬리가 16번 홀(파4)에서 기록한 23타와 함께 PGA 기록에 남아 있을 것이다. 나상욱은 첫 번째 드라이버샷이 오른쪽으로 휘어지며 나무 사이로 들어가 도저히 공을 칠 수 없는 상황이어서 언플레이어볼(1벌타)을 선언했다. 그런데 티 박스로 돌아가는 것이 유리하다는 판단 아래 티샷(세 번째 샷)을 다시 했다. 그러나 공은 다시 비슷한 방향으로 갔다. 이어 공을 찾아 4번째 샷을 했지만, 공이 나무에 튕긴 뒤 자신의 몸에 맞아 1벌타를 받았고, 언플레이어볼(1벌타)을 선언해야 했다. 이어 7번째 샷부터 12번째 샷까지 연이은 6타도 숲 속에서 헤맸다. 결국 13번째 샷이 그린 뒤편 반대편 러프로 날아갔고, 14번째 샷이 그린 프린지에 떨어졌다. 15번째 샷으로 핀 1.5M에 붙여 한 번 퍼팅으로 마무리했다.

나상욱 프로가 아마추어에게 해 주는 스윙의 기본에 관한 Tip이다.

• Grip은 왼손 엄지를 짧게 구부려 잡고, 왼손 3개 손가락과 손바닥은 0.5㎝가량 띄어주어 약간의 공간을 띄어준다.

• 백스윙은 Club Head가 Lead 하면서 몸이 따라가도록 하고, 왼쪽 어깨를 충분히 돌려주어야 한다.

• 백스윙 Top에서 잠깐 쉬는 느낌으로 하체가 Lead 하면서 다운스윙은 시작하되 왼쪽 어깨가 열리면 안 된다.

• Impact 시에는 왼발과 왼쪽 다리가 버티고 Balance를 유지하도록 한다. 손목을 왼쪽으로 돌려서 Release 하지 말고, 그래도 뻗어서 올려주면 상체의 Turn에 의해 자연스럽게 Release 되게 한다. 머리와 상체가 Impact 시 왼쪽으로 밀려나지 말고 Grip 끝이 배꼽을 향하도록 한다.

• 다운스윙과 Impact 시 머리를 고정하라는 의미는 머리가 위·아래로 움직이면 안된다는 의미이다. 왼쪽으로 밀려가는 것은 괜찮다.

나. 배상문 프로

1986년생으로 2004년 프로 입문해서 KPGA 9승, PGA 2승을 하였고, 2018년도 PGA 2부 투어인 웹닷컴투어 파이널시리즈 3차전인 앨버트슨스 보이스 오픈에서 우승하며 2018~19년도 PGA투어 풀시드(전체대회 출전권)를 확보하며 2019년도에 PGA에서의 활약이 기대되고 있다.

PGA 2부 투어인 웹닷컴투어[주7]는 파이널 시리즈 4개 대회를 치러 성적 우수자 25명에게 다음 시즌 PGA 정규 투어 시드를 주는 대회다. 배상문은 1차전(공동 35위)와 2차전(공동 6위)을 통해 파이널 시리즈 랭킹 11위로 3차전 우승에 힘입어 4차전 성적과는 상관없이 투어 카드를 확보하게 되었다.

프로입문 초기에 배상문 선수를 후원했던 K회장과는 가끔 같이 라운딩할 수 있는 기회가 있었다고 한다. 항상 쾌활하고 공격적인 플레이로 골프팬들의 많은 사랑을 받았고 2015년 프레지던트컵에서 인터내셔널팀에 발탁이 되면서 전성기를 누렸었다.

한국 프로로서는 보기 드문 장타였기에 같이 라운딩하면서 비거리를 늘릴 수 있는 비결을 좀 알려달라고 하니 "볼만 보고 있는 힘을

주7) 웹닷컴투어는 정규 시즌 상위 25명에게 PGA 투어 시드를 주고, 파이널 시리즈를 통해 추가로 25명에게 PGA 투어 시드를 준다. 파이널 시리즈는 웹닷컴투어 정규 시즌 상위자와 PGA 1부 투어 상금 순위 하위자가 뒤섞여 25개의 마지막 시드권을 놓고 치르는 대회여서 순위 경쟁이 1부 투어 정규대회 못지않게 치열하다.

다해 휘두르라."고 하면서 "클럽헤드의 속도를 늘리는 것이 비거리 늘리는 데는 가장 기본."이라고 조언을 받았단다. 그러면서 숏게임이 정교하고 퍼팅이 좋아서 비거리만 좀 더 확보하면 훨씬 Golf가 수월해질 것이라고 칭찬(?)까지 해주었다고 자랑을 했었다.

배상문 프로가 알려준 장타를 위한 Tip을 좀더 소개한다.

• 충분한 어깨 회전을 해주어야 한다. 어깨는 돌리지 않고 팔로만 들어서 백스윙을 완성하면 용수철처럼 어깨가 꼬이지 않기 때문에 힘을 축적할 수 없어 오른쪽에 실려있는 파워를 왼쪽으로 옮게 장타를 낼 수가 없다. 어깨와 몸통의 회전과 함께 다운스윙에서 엉덩이가 회전해주면서 오른쪽에서 왼쪽으로 체중 이동이 될 때 장타가 나온다.

• 스윗스팟에 공을 맞추어야 한다. 스윙 스피드가 아무리 빨라도 클럽헤드 중앙에 볼을 맞히지 않으면 거리가 나질 않는다. 스윙에서 하나, 둘에 백스윙하고, 셋에 다운스윙하는 자기 나름대로 리듬을 읽혀놓으면 여유 있고 부드러운 스윙이 된다.

• Club Head의 Speed를 늘려주기 위해서 클럽을 거꾸로 들고 지나가는 소리가 왼쪽 귀에 더 크게 들리도록 연습을 해라.

프로 골퍼로서 우뚝 선 배상문의 뒤에는 아들을 프로로 성공시키기 위하여 헌신적인 노력을 해 온 홀어머니의 희생정신을 빼놓을 수가 없다. 프로 초기에는 캐디백을 직접 메고 배상문을 지켜봤다. 그런 과정에서 한때는 골프대회가 진행되는 현장에서 배상문을 야단치는 일로 골프인들 사이에 회자가 된 적도 있지만, 그러한 어머니의 질책과 보살핌으로 배상문은 강하게 성장할 수 있었다.

2015 한국 잭 니클라우스 골프장에서 개최된 프레지던트컵 마지막 날인 11일 싱글 매치 플레이 12경기 중 11경기가 끝났지만 인터내셔널팀과 미국팀 중간 승점은 14.5-14.5로 동점이었다. 12번째 마지막 조로 나선 배상문(29)과 빌 하스(미국)의 대결 결과에 따라 승패가 갈리게 되어 있었다.

17번 홀까지 1타를 뒤지고 있었던 배상문이 할 수 있는 일은 18번 홀을 이겨서 승부를 무승부로 끝내는 것이 최선이었다. 배상문은 티샷은 페어웨이로 잘 보냈지만 240야드를 남기고 친 두 번째 샷은 그린에 미치지 못했고, 그린 앞 급경사를 타고 다시 미끄러져 내려왔다.

미국팀 하스의 두 번째 샷도 그린 옆 벙커에 빠져 배상문이 이 홀을 따낼 가능성은 남아 있었다. 그러나 배상문은 세 번째 샷을 홀에 바짝 붙이기 위해 여러 차례 연습 스윙을 한 뒤 신중하게 샷을 날렸지만 클럽은 뒤땅을 치고 말았다. 얼마 가지 못한 볼은 다시 급경사를 타고 뒤로 내려왔다.

그러나 하스는 벙커에서 친 세 번째 샷으로 볼을 그린 위에 올리면서 배상문이 패하고 말았다. 전 세계 골프팬이 생중계로 지켜보고 있는 가운데 배상문의 뒤땅은 돌이킬 수 없는 샷이 되고 말았다.

다. 김효주 프로

1995년생으로 2012년 10월 KLPGA 입회하였고, LPGA 통산 3승 KLPGA 통산 9승을 기록하고 있다. 아마추어 시절부터 실력이 출중하여 2010~2012년까지 국가대표를 지냈으며, 2011년과 2012년 대한골프협회 최우수 아마 선수상을 수상하였고, 아마추어 시절에 KLPGA 2승, TLPGA 1승, JLPGA 1승을 차지하였고 특히 2012년 JLPGA 산토리 레이디스 오픈 우승은 16살로서 일본에서 최연소 우승의 신기록을 보유하고 있다. 2012년 KLPGA 입회 이후 2014년 한 해에 KLPGA 5승을 거두며 2014년 KLPGA 투어대상, 다승왕, 상금왕, 최저타수상 등 모든 상을 싹쓸이하면서 한국 골프계의 신데렐라가 되었다.

뿐만 아니라 그 해 열린 LPGA 에비앙 챔피언십에서 케리웹 등을 제치고 우승을 하는 기록을 세우며 LPGA 무대에 진출하였다. LPGA에서 2승을 추가하였으나, 2017년 우승이 없이 약간의 슬럼프를 겪었고 2018년 US오픈에서 다시 준우승을 차지하면서 옛 기량을 다시 찾아가고 있다.

김효주 선수는 6살 때 골프를 좋아하시는 아버지를 따라서 연습장에 다니다가 골프를 시작하게 되었다고 한다. 아버지를 따라 스윙을 해보았는데 재미를 느꼈단다. 그렇게 골프를 시작한 김효주 선수는 초등학교 4학년에 국가대표로 발탁이 되면서 두각을 나타내기 시작했다.

기록을 하나하나 가질 때마다 책임감을 느끼게 됐다는 김효주는 스트레스를 받는 일이 있으면 혼자서 음악을 듣거나 친구들과 SNS 채팅을 하면서 잊으려고 노력하고 있다고 한다. 프로 데뷔 이후부터 경기 분석, 멘탈 노트를 작성하여, 시간 날 때마다 보면서 마음을 다진다고 한다.

김효주 선수의 스윙은 교과서 스윙으로 정평이 나 있다. 이렇게 좋은 스윙을 갖게 된 것은 엄청난 훈련과 체력의 뒷받침으로 이루어낸 것이라고 하였다. 김효주 선수는 소녀 같은 가냘픈 몸매에도 시원스런 장타와 정교한 샷으로 팬들을 놀라게 하면서 우승을 예고하고 있었다.

어린 나이에도 성격이 차분하고 긍정적이고, 유머감각도 뛰어나다고 한다. 아마추어 골퍼들이 좀 더 스윙 스피드를 늘려주면, 비거리도 늘어날 것이라고 하면서, 다운스윙이 좀 더 뒤쪽에서 내려온다는 느낌을 가지라고 조언을 하고 있다.

    그러나 지금까지 만들어진 스윙이 자신의 신체조건이나 나이에 적응이 된 것이니 헤드 스피드를 좀 더 늘리는 스윙으로 교정하려면 본격적인 골프의 구조조정이 필요하다는 것을 느끼고 시작을 해야 할 것이다.

PGA 프로와 한컷

▲ 최경주

▼ 맥킬로이(McIlroy)

▲ 양용은

Pro Golfer들이 알려주는 Knowhow | 157

LPGA 프로와 한컷

Paula Creamer
· 2013 상금랭킹 10위 / 現 Rolex 랭킹 11위
· LPGA 통산 9승

▲ 폴라 크리머

▲ 나탈리걸비스

◀ 유소연

FIND YOUR TEMPO

▲ 김미현

▲ 로라 데이비스

▼ 로레나 오초아

▲ 박성현

크리스티 커 ▼

소렌스탐 ▲

Pro Golfer들이 알려주는 Knowhow | 159

(3) KPGA, KLPGA 프로들이 공개하는 스윙 Knowhow

아마추어 골퍼의 꿈은 프로처럼 Play를 해보는 것이다. 드라이버샷은 프로처럼 멀리 치고 싶고, 아이언샷도 프로처럼 정교한 샷을 날려보고 싶고, 어프로치샷, 벙커샷 등을 포함한 Short game과 Putting까지 모두를 프로처럼 해보고 싶은 것이다.

그러나 그것은 특별한 경우를 제외하고는 불가능한 것이다. 어느 아마추어가 프로처럼 매일 10시간씩 연습 볼을 때리고, 체력 훈련을 하고, 하루 종일 퍼팅그린에서, 벙커에서 연습을 할 수 있겠는가? 보고 들을 때는 머릿속에서 나도 할 수 있을 것 같다는 생각이 들지만, 몸이 따라가 주려면 프로처럼 매일 연습을 하기 전에는 어려운 것이 골프인 것이다.

어느 골프교수가 언젠가 TV 해설하는 과정에서 "골프기술은 우리의 근육이 기억을 하여야 쓸 수가 있다. 머리에 기억한 것으로는 실전에서 활용이 안 된다. 근육이 기억하게 하는 것은 꾸준한 연습뿐이다. 우리가 유리 위에 볼펜으로 글씨를 쓰면 수십 번 써도 흔적도 안 남지만, 수백 번 수천 번 계속해서 쓰다 보면 유리에도 글씨가 보이기 시작한다."고 비유했던 것이 기억에 남는다.

연습하지 않고 머리와 입으로만 하는 골프는 실전에서는 무용

지물이다. 필자는 KPGA와 KLPGA 프로 선수들이 전해주는 Tip과 Comments를 실전에 적용해보면서 내 스윙을 교정해 보곤 하던 기억이 많이 있었다. 그러나 프로들이 방송에서 해주는 스윙 요령은 머리엔 기억이 남아 있었지만, 연습을 안 했으니 몸은 전혀 기억하지 못하고 교정 전 스윙으로 돌아가는 시행착오를 수없이 반복하곤 했었다. 그럼에도 불구하고 스윙이 망가지고 좋은 샷이 안 나올 때마다 방송에서 프로들이 전해주는 메모를 다시 한 번 꺼내보고 이미지 스윙이라도 해보면 스윙이 좀 나아지는 것을 느끼곤 했었다.

우리 근육은 IQ가 60밖에 되질 않아서 근육이 스윙 메카니즘을 기억하게 하려면 수많은 반복 연습뿐이 길이 없다고 한다. 필자가 방송에서 들은 프로들의 경험과 Tip들을 모아서 정리해 보았다. 필자의 스윙의 문제점을 교정하고자 정리한 Tip들이기 때문에 다른 사람에게는 맞지 않을 수가 있음을 참고하여 주길 바란다.

세계적인 명성을 가진 미국 PGA 티핑 프로의 산증인 밥토스키(1926년생)는 1954년 165cm의 53kg이라는 불리한 신체조건에도 PGA 상금 랭킹 1위를 기록하였고 최근까지도 250야드를 넘는 장타와 언더파 스코어를 자랑하는 분이다. 밥토스키가 강조하는 다운스윙의 기본원리는

- 왼발 무릎을 왼쪽으로 이동하면서 다운스윙은 시동을 걸고

- 왼팔로 Lead하면서
- 오른쪽 팔꿈치는 옆구리에 붙이고 내려오라는 것이다. 항상 명심하기를 바란다.

가. 김경태 프로

1986년생으로 177cm의 키에 73kg으로 강원도 속초초등학교 3학년 때 처음 골프채를 잡았고 15세인 2001년 국가대표 상비군에 뽑힌 뒤 고교 2학년 때 국가대표로 선발되는 등 엘리트 골퍼로 일찌감치 두각을 나타냈다. 2006년 도하 아시안게임에서 개인전, 단체전 금메달 2개를 획득하였고, 2006년 12월 프로로 전향하여 2007년도 KPGA 상금왕, 대상, 최저타수상, 신인왕 등을 거머쥐었다. 2010년 한국인 최초로 일본프로골프투어(JGTO) 상금왕에도 오르며 KPGA의 대표선수로 자리매김을 하고 있다.

군더더기 하나 없는 깔끔한 스윙에 성격도 차분하고 인내하고 기다릴 줄 아는 승부사로서의 기질도 타고난 선수다. 김경태 프로가 강조하는 아마추어 골퍼의 문제점은 다음과 같다.

- Alignment 할 때 좀 더 왼쪽으로 겨냥하고 밀어주는 스윙을

하라. (당기는 스윙을 하면 거리도 줄고, 방향성도 좋지 않다.)

• 백스윙에서 두 눈으로 ball을 응시하다가 다운스윙 시에는 왼쪽 눈으로 볼을 보면 어깨가 Target과 Square가 된다. 두 눈으로 Ball을 보면서 다운스윙하면 왼쪽 어깨가 떨린다.

• Short game에서는 왼손 Grip을 좀 더 강하게 잡도록 해서, 손목의 Rolling이 없도록 하고, 하체를 써서 체중 이동을 하면서 거리를 조절하도록 한다.(하체의 체중 이동이 없으면 왼쪽으로 당겨치는 샷이 나온다.)

• Iron Shot은 Ball 앞 10~20㎝를 보면서 하면 다운불로 샷이 된다. 하체의 Lead와 상체의 Turn이 함께 하면 Hand First 자세로 샷이 된다.

• 퍼팅은 볼 뒤에서 임팩트(Impact) 시 위로 올려서 굴려주는 퍼팅을 하면 많이 굴러간다. Ball은 중앙 왼쪽에 놓고 Ball 오른쪽으로 왼쪽 눈으로 보면서 스트로크 한다.

나. 박상현 프로

2018년 들어서 KPGA에서 3승을 하며 전성기를 맞고 있는 박상현 선수는 1983년생으로 2004년 프로 입문하여 프로 통산 8승을 올리고 있다.

박상현 선수가 강조하는 아마추어의 가장 큰 실수는 상체가 따라 나가는 것을 주의하라고 하면서, 백스윙이 덜되어 어깨 턴이 불충분하니 소위 오른쪽 어깨가 먼저 나가는 멀어지는 스윙을 하게 되고 상체도 앞으로 나가게 되어 볼에 힘이 충분히 전달되지 못한다고 한다.

어느 순간인가 내게 편한 스윙으로 변하고 있는 나 자신을 깨닫게 하는 Comment로 아마추어 골퍼들이 명심해야 할 것이다. 성격이 차분하고 예의 바르고 무엇보다도 좋은 스윙 메커니즘을 가지고 있었기에 머지않아 대성할 것이라고 믿고 있었었다. KPGA에서 우승을 하는 모습을 볼 때마다 마음속으로 항상 우승 축하를 해주고 있다. 특히 2018년도에는 둘째 애를 낳았다고 무척이나 좋아하는 모습과 함께 결혼과 더불어 행복한 가정을 이루고 나니 골프도 한층 더 안정되고, 완숙되어 간다고 하는 방송을 보면서, 계속해서 좋은 성적을 거두고 Long-run 하기를 바라고 있다.

다. 이상희 프로

이상희 프로는 2016년 SK Telecom Open에서 우승 시에 대회 장소인 스카이72 골프장의 하우스 캐디를 동반하면서 우승을 차지해서 화제가 된 적이 있고, 이때부터 필자도 이상희 프로의 팬이 되었다.

이상희 프로 이외에도 필자가 응원하는 선수 중에 우승하는 선수가 많이 있었다. 황인춘 프로, 김효주 프로, 서희경 프로, 박상현 프로, 배상문 프로, 장하나 프로, 김민선 프로 등 많은 선수들이 우승을 차지하는 소식을 들으면서 필자의 응원 덕분에 기를 받아서 우승을 하게 된 것 아닌가 하고 기뻐하곤 했었다.

보통 골프 선수들은 남자뿐 아니라 여자 선수들까지 건장한 체격의 남성 캐디를 고용하는 경우가 많다. 20kg 내외의 무거운 캐디백을 메고 18홀 내내 4시간 이상 걸어야 하는 체력이 필요하기 때문이다. 또 전문 캐디들은 시합 전 코스를 꼼꼼하게 점검해 야디지북을 만들고 선수에게 필요한 온갖 정보를 제공해야 하기 때문이다. 또한 서로 오래 시합을 치른 캐디들은 선수와 거의 친구처럼 스스럼없이 지내며 시합 당일 선수의 심리적 육체적 컨디션을 체크하고 이에 맞는 조언도 해주기도 한다.

그런데 이상희 프로는 이날 전문캐디 없이 이 골프코스에서 6년 동안 캐디 일을 해온 하우스 캐디를 고용해 우승을 차지했다. 골프장 소속 캐디분이라 골프장에 대해 자세히 알고 있어 든든했고 특히 오션코스의 경우 코스에서 바람을 체크하거나 그린라이를 확인할 때,

그리고 코스 공략 시에도 캐디가 조언해준 게 많은 도움이 됐다고 고마움을 표시해 주었었다.

이상희 프로가 아마추어에게 해주는 어드바이스는 "다운스윙에서 멈추지 말고, 그립은 꼭 잡아서 피니시까지 연결하라"고 하면서 배꼽을 회전시키는 몸통 회전의 비법을 강조한다. 백스윙 시 어깨 회전을 충분히 하고, 어드레스에서 얼라인먼트를 다시 한번 확인해서 오른쪽을 겨냥하는 것을 방지하고, 벙커샷 할 때 다리가 상-하로 출렁이지 않게 하면서 피니시를 끝까지 해 주는 풀 스윙을 하라고 조언을 하고 있다.

이상희 프로는 1992년생으로 2010년에 프로 입문을 하였다. 많은 KLPGA 선수들이 최근에 PGA로 직행하는 것은 관행으로 여겨지고 있다. 최경주, 양용은, 배상문 등 PGA 투어에 진출해 있는 많은 선수들이 관례를 만들었고, 일본에서 활약하는 많은 선수들도 PGA 투어 입성을 목표로 하고 있기 때문이다.

그러나 이상희는 서둘러서 PGA로 진출하는 모험을 감행하지는 않겠다고 한다. KPGA에서 확실히 우승수를 늘려서 내공을 쌓은 후에 기회가 되면 그때 가서 PGA 진출은 결심하겠다고 한다. 그러나 그의 최종 목표는 페덱스컵 우승이라고 조심스럽게 말한다. 아시아 최초 페덱스컵 우승이라는 타이틀을 갖고 싶단다. 언젠가는 그 꿈을 이루기를 빌어주고 싶다. 인생은 속도보다는 방향이 중요하다는 것을 어린 나이에도 불구하고 잘 알고 있는 것이다.

아직 20대의 젊은 나이에도 이렇게 성숙할 수 있을까에 대해 의문이 생기지만, 이상희 프로가 겪어온 아픔을 들어보면 이해가 간다. 2남 2녀 중 막내인 이상희는 장녀인 첫째 누나와 17살 터울인 늦둥이 아들로 애지중지 자랐다. 대부분의 선수들이 으레 그렇듯 그 역시 '골프광' 아버지의 권유로 골프를 시작했고, 물심양면으로 뒷바라지한 아버지 덕분에 골프를 지속할 수 있었다. 학창시절 아버지의 투병생활과 사업의 어려움 등을 겪으면서 어려운 상황을 현실적으로 맏아들이고, 책임감을 통감하면서 더욱 골프에 매진하는 계기가 되었다고 한다.

라. 황인춘 프로

1974년생으로 2002년 KPGA 입회하였고 통산 5승을 기록하고 있다.

제27회 GS칼텍스 매경오픈 우승으로 스타덤에 오른 황인춘 프로 골프선수로서는 그리 좋은 체격을 갖추고 있지 않다. 키 174㎝, 몸무게 72㎏에 불과한 황인춘이 300야드쯤은 가볍게 보낸다.

황인춘 프로가 알려주는 장타 비법을 소개한다.

• 때리지 말고 휘둘러야

주말 골퍼들은 거리를 늘리고 싶을 때 힘을 잔뜩 주게 된다. 하지만 이렇게 되면 스윙이 경직되고 페이스 중앙에 공을 맞추기 어렵다.

• 백스윙을 천천히 하라.

백스윙을 빨리하면 백스윙 톱에서 샤프트가 휘면서 스윙이 무너지고 정확한 임팩트도 불가능해진다.

• 다운스윙은 백스윙과 반대로 빠르게 가져간다. 이때 무릎과 힙턴에 의한 Lead가 필수적이다.

• 로프트가 작은 드라이버로 어렵게 치는 것보다 로프트가 큰 드라이버로 자신있게 정타를 때리는 것이 비거리 향상에 도움이 된다.

• 꾸준한 팔굽혀펴기를 통한 상체의 단련과 계단오르기 등 하체 훈련으로 체력을 키움과 동시에 꾸준한 스트레칭으로 유연성을 키워라.

• 머리 위치는 중심에서 약간 오른쪽으로 위치하라.

- Hook 나면 머리를 왼쪽으로 이동
- Slice 나면 머리를 오른쪽으로 이동시켜주면서 조절한다.

• 손의 위치는 Club Face가 Open 되는지 Close 되는지 확인하고 Swing을 조절하라.

마. 장하나 프로

1992년생으로 2010년 KLPGA 입회하였고 KLPGA 10승, LPGA 4승 통산 14승을 기록하고 있는 KLPGA의 대표적인 장타자이다. 파워 넘치는 장타자와 호쾌한 성격, 긍정적인 마인드로 많은 골프팬들의 사랑을 받고 있다. 플레이 중에 만나는 방송 Staff들에게도 활짝 웃으며 하이파이브를 하면서 인사를 하고 밝게 웃는다. 경기 내 같이 Play하는 모든 사람들에게 웃음 바이러스가 확산되니 모두가 장하나를 좋아한다.

아마추어는 "그립을 좀 더 강하게 잡으라"고 어드바이스를 한다. 그동안 많은 Lesson 전문가들이 Grip과 어깨에 힘을 빼라고 하였었는데, 장하나 프로는 Grip을 강하게 잡고, 어깨는 힘을 빼라고 중요한 장타의 비밀을 알려준다. 그립을 강하게 잡는 것이 아마추어에게는 많은 도움이 된다고 한다.

2004년 타이거 우즈가 처음 한국을 찾을 당시 어린이 클리닉에서 장하나의 드라이버샷을 보고 "가르칠 게 없는 선수다."라며 감탄을 금치 못했다고 하며, 초등학교 6학년 때 이미 260야드를 넘겼으며 초등학교 6학년 시절 유도부 남학생을 팔씨름으로 이겼다고 한다.

어릴 적부터 검도, 스키 수영 등의 많은 운동을 접하며 성장했고,

특히 5살 때부터 검도를 4년간 배우며 그때 힘이 길러진 거 같다고 한다. 또한 부모님도 아버지는 스케이트 선수, 어머니는 농구 선수였다고 하니 골퍼로서 좋은 DNA를 많이 갖고 태어난 행운아임이 틀림없다.

호쾌한 장타가 매력적인 장하나는 파 5홀에서는 기본적으로 세컨드샷으로 그린에 올려 이글 기회를 만들어 낸다. '2016년 퓨어실크 바하마 클래식'에서 8번 홀 파4에서 티샷한 볼이 그대로 홀인이 되면서 알바트로스를 기록하였다. '장타 소녀'로 통하던 2013년 한국여자프로골프(KLPGA)투어 3관왕에 오른 이후 2015년 미국 여자프로골프(LPGA)투어에 진출해 2년 5개월 동안 4승을 거두었다.

누가 보더라도 성공 시대를 열어 가는 듯하던 장하나가 2017년 "더 이상 경쟁만을 위해 살아가는 미국 생활이 행복하지 않다."며 국내 복귀를 선언했다. 그는 "나 때문에 이산가족처럼 떨어져 고생하는 부모님을 생각하면 마음이 아프다."며 눈물을 흘리기도 했다.

장하나는 부모님이 사십 대에 얻은 외동딸이다. 이 부부에게 딸 뒷바라지는 인생의 가장 큰 즐거움이었지만 딸이 꿈에 그리던 미국 무대에 진출하자 어머니만 한국에 남게 되면서 극심한 외로움에 시달렸다고 한다.

미국에서 시합 참가를 위해 보통 10시간 안팎은 차를 이용했는데, 골프백, 한국음식 등 짐도 많고 공항이 멀리 있는 지역에서 대회가 열리는 경우도 많아서 아버지가 직접 운전하는 경우 장시간의 자동차 여행에 극심한 피로를 호소하는 일도 많았으며 무엇보다도 정해진 숙소가 없이 사실상 1년 내내 유랑생활을 해야 하는 것도 어려운 일이었다고 한다.

호주, 멕시코, 중국, 대만, 일본 등 세계 각국에서 대회가 열려 이동 시간과 시차 적응도 간단하지가 않았다고 한다. 대부분의 한국 LPGA 선수들이 이런 생활을 참고 오직 우승만을 고대하며 견디고 있는 것이다.

한국의 전통문화는 농경문화라서 어느 한 곳에 정착해서 살아가는데 익숙해져 있는데, LPGA 생활은 전세계 시합이 열리는 곳으로 일 년 내내 이동하며 새로운 숙소와 새로운 음식에 적응하며 시합을 해야 하니 그 불편함과 어려움이 상상이 간다. 세계정상에 오른 많은 한국의 LPGA 선수들은 모두가 이러한 어려움을 극복하고 이겨낸 값진 승리인 것이다.

바. 안신애 프로

1990년생으로 2008년도 KPGA에 입회하였고, 초등학교 때 뉴질랜드로 이민 가서 뉴질랜드 국가대표 생활을 4년 했다. 밝고 쾌활한 성격이고 화려하지는 않지만, 항상 최선을 다하는 미녀 프로골퍼로서 KPGA 프로 통산 3승을 기록하고 있다.

장타를 치는 화려함은 없지만, 아이언과 어프로치 퍼팅에서의 정교함이 KPGA 프로 통산 3승을 이루어낸 밑거름이 되었다고 한다. 어떠한 상황에서도 우드샷이든, 아이언샷이든 그린을 향해 날려준다. 그리고 침착한 숏게임과 퍼팅에서 프로다운 매서움을 볼 수 있는 하루였다.

아마추어 골퍼들은 백스윙 시 양쪽 겨드랑이를 붙이고 어깨와 하체가 조여지는 것을 느끼면서 백스윙을 하고, 어깨를 최대한 Turn 하라는 기본적인 사항을 명심하라고 한다.

사. 김보경 프로

1986년생으로 2004년 KLPGA 프로 입회하며 통산 우승 4회를 기록하고 있는 김보경 프로는 집안 형편이 어려운 가운데서 스스로 홀로서기로 프로 골퍼가 된 입지전적인 프로다. 수수하고 때 묻지 않은 모습이 인상적이고 특히 독학으로 이루어낸 골프로도 KLPGA에서 우승을 할 수 있다는 것을 보여준 의지의 프로 골퍼이다.

플레이할 때에도 야디지북에 열심히 거리를 기록하고, 퍼팅그린을 읽는데 집중한다. 김보경이 강조하는 것은 "스윙궤도가 In-Out이 되도록 노력해야 아마추어 골퍼도 성공할 수 있다고 한다." 기본 중에 기본임을 명심하라고 한다.

김보경 프로는 가족이 모두 김보경 프로를 도와주는 생계형 골퍼로서 투어 생활을 하고 있었다. 어머니가 숙소에서 식사 준비를 해주시고, 아버지는 운전대를 잡고 김보경 프로를 골프 시합이 개최되는 전국 골프장으로 이동을 시켜 주면서 골프장에서는 캐디 역할을 직접하고 계셨다.

그러나 김보경 프로의 아버지는 놀랍게도 골프를 전혀 못 친다고 했다. 골프채를 휘둘러 보지도 않았단다. 다른 골프 선수들의 아버지처럼 사업차 필요해 골프를 하다가 취미가 되며 딸을 골프에 끌어들인, 그런 여유 있는 아버지가 아니었다. 부산에서 조그만 잡화가게를 했었는데 심근경색으로 쓰러져 심장 수술을 받느라 가게 문을 닫게 되었고, 수술비로 집안의 돈을 다 썼단다.

다행히 딸은 골프를 잘 쳤고 아버지 후배가 딸의 신체조건이 좋으니 실내 골프장에라도 데려가 골프를 가르치라고 권유해 시작한 것이 골프였단다. 경제적 여유가 있어 시작한 골프가 아니다. 그러니 다른 선수들처럼 유명한 골프 코치에게 레슨을 받은 적도 없다. 타고

난 체력과 집중력으로 골프를 칠 수밖에 없었다고 한다.

　심장병 수술 후유증에서 벗어나기 시작한 아버지는 할 일도 없고, 대회에 나가는 딸을 도와줄 캐디를 고용할 돈도 없어 무작정 캐디백을 메기 시작했고, 남들처럼 전문캐디의 도움 없이 경기를 하면서 김보경은 그린까지 남은 거리, 그린 위에서의 라인 경사도 등 모든 것을 혼자 결정해야 했었고, 집안 형편이 어려워 전문캐디를 쓰지 못하고 캐디백을 메고 따라오는 아버지에 대해 선택의 여지가 없었다고 한다.

　체계적으로 레슨을 받지 않으니 우승도 어려웠고 후배들은 치고 올라왔고, 김보경 프로는 자신의 골프가 어디가 문제인지 알 수도 없었다. 선수 딸과 캐디 아버지의 갈등은 최고점으로 치달았지만, 다행히 레슨 전문 프로를 한두 번 만나 문제점을 파악하고 고치면서 고비를 넘겼고 우승도 하게 되었다고 한다.

　김보경 프로는 부산이 고향이라 부산에 살면서 대회장을 아버지가 운전하는 차를 타고 옮겨 다녔으나, 김보경 프로가 우승을 하면서 경제적인 여유가 생겨서 골프장이 많은 경기도로 이사를 해서 전보다는 훨씬 편안해졌다고 한다. 어머니가 차려주는 밥을 먹고, 아버지가 골프장까지 운전해주고, 캐디도 아버지가 해주는 전형적인 가족 골프회사의 주역이 된 김보경 프로의 선전을 기대해 본다.

아. 김민선 프로

KLPGA의 간판 장타자로 드라이버 비거리가 270~280야드를 날린다. 우드-아이언-숏게임 등 모든 면에서 골고루 잘하는 장신(176㎝)의 미녀 골퍼 중 하나이다. 1995년생으로 2012년 프로로 입문한 이후 KLPGA 통산 4승을 기록하고 있다.

큰 키와 넓은 어깨에서 나오는 힘찬 스윙에 감탄이 저절로 나온다. 아마추어 골퍼에게 해주고 싶은 말은 "다운스윙 시 릴리스에 좀 더 신경을 써라. 볼을 맞춘다는 생각을 말고, 스윙하는 과정에서 볼이 맞아 나가는 것이다. 특히 아이언샷의 경우 릴리스가 좀 더 뒤에서 시작되는 느낌을 가지라."고 Tip을 주고 있다.

무엇을 고쳐야 하는지 느낌이 오는 분이 많을 것이다. 몇 개의 샷을 시도를 해보면 샷의 감이 훨씬 좋아짐을 느낄 것이다. 다시 잊어버리지 않고 똑같은 실수를 반복하는 아마추어가 되지 말고, 정기적인 연습을 통하여 자기 스윙을 바로 잡아야 할 것이다.

자. 정일미 프로

1972년생으로 1995년 KLPGA 입회하여 통산 8승을 기록하였고, 2004년 늦깎이로 미국 LPGA에 도전해 영광과 좌절을 딛고 현재는 호서대 스포츠과학부 골프전공 전임교수로 제2의 인생을 열어가고 있다. 챔피언스 투어에서도 통산 11승을 기록하는 등 스마일퀸으로 더 유명했던 과거의 명성을 유지하고 있다.

정일미 프로가 아마추어 골퍼에게 충고하는 골프를 잘하기 위한 방법을 소개한다.

- 골프기술은 10~20%밖에 안 된다.

"골프를 잘하려면 신체적 발달과 지적 발달이 함께 이뤄져야 한다. 요즘 젊은 선수들을 보면 기술적인 면에만 너무 집착하는 것 같아서 안타깝다. 좋은 코치를 만나 기술을 익히는 것이 전부라고 생각하는데 골프는 정신적 소모가 굉장히 큰 스포츠라서 필드에 나가면 공간지각력, 순간판단력, 리듬감 등을 종합적으로 갖춰야 한다. 기술을 10~20%밖에 안 된다."

- 노력

프로생활을 하다 보면 결국 기술은 비슷해진다며 얼마나 끈기를 갖고 노력하느냐에 성패가 달렸다고 강조했다.

정일미 프로는 현역 시절 철저한 자기 관리를 했다. 프로 데뷔 때부터 정규 투어 생활을 그만둘 때까지 15년 넘게 오전 5시에 일어나 10시까지 다섯 시간씩 연습하는 생활을 하루도 빼먹지 않았다.

그렇게 연습하고 나가면 자신감이 생겼고 승부욕도 강해져 우승의 원동력이 되었다고 한다.

- 골프는 외로운 운동

정일미 프로는 다른 선수들이 은퇴할 나이인 33세에 미국 LPGA 무대에 도전했지만 우승을 못하자 힘들었었다. 하루 아침에 최고의 자리에서 밑바닥으로 떨어진 느낌이고 음식도 입에 맞지 않아 먹는 것도 힘들었다. '열심히 해도 안 될 수 있구나. 우승을 하지 못했던 사람들의 마음은 어땠을까'라는 생각을 하면서 현실을 받아들이고 이해할 수 있게 됐다. 자신을 성찰할 수 있는 좋은 기회가 됐었고 자신을 용서할 줄도 알게 되면서 사람다워졌다고 한다.

골프는 팀이 아니라 혼자 하는 운동이어서 많이 외롭고 힘들더라도 본인 스스로 잘 극복해야 골프를 잘 칠 수 있다고 하면서 예전에는 투어에서 우승하면 내가 잘해서 이긴 것이란 교만한 마음이 우선이었는데 이젠 주변에 감사한 마음이 먼저 들게 되었다고 한다.

- Grip은 Strong Grip으로 잡고 Club Head를 손, 팔로 힘껏 휘둘러라.

• 스윙 아크를 크게하라 : 백스윙 Top에서 손, 팔이 몸과 멀어지게 하라. 다운스윙 시 머리를 약간 뒤로 당기면서 Impact하는 연습하면 원심력이 커진다. 이때에 목을 앞으로 내밀면 안 된다. 볼에 너무 덤비지 말고, 목 뒤로 펴고, 어깨 펴고 스윙하면 스윙아크 커진다.

• 손목의 힘을 키워서 Impact를 강하게 하라 : 왼손목이 꺾이지 말고, Impact 이후에는 왼손바닥이 보이도록 하라.

KPGA 프로와
한컷

▼ 한장상

▲ 김대현

천관우 ▲

▲ 신용진

최상호, 자니 윤 ▼

KLPGA 프로와
한컷

▼ 신지애

▲ 김자영

▼ 양수진

▲ 홍진주

▼ 최혜용

▼ 임지나

Pro Golfer들이 알려주는 Knowhow

재미있었던 순간들 ①

재미있었던
순간들 ②

Pro Golfer들이 알려주는 Knowhow | 185

재미있었던
순간들 ③

▼ 차범근 감독

Pro Golfer들이 알려주는 Knowhow

(4) 골프 레슨의 허와 실

요즈음 TV와 유튜브 등에서 프로들의 동영상을 쉽게 자주 접할 수 있게 되었다. Top pro 선수들의 스윙을 보면서 따라 하기도 하고, 동영상대로 연습을 하면서 Pro의 스윙을 흉내 내려고 노력하는 아마추어 골퍼들이 많다.

결론부터 말하자면 프로들의 스윙을 따라서 그대로 흉내 내는 스윙을 익히기도 어렵고 실패확률이 높다. 우선 프로의 신체적인 조건. 즉 키, 몸무게, 근력, 헤드 스피드 등등과 아마추어 골퍼의 신체적인 조건이 너무도 다른 상태에서 프로 스윙을 따라가려고 해봐야 따라갈 수는 없고, 하나를 지키려고 하면 다른 스윙 동작이 무너져서 자기 본래의 스윙감각마저 잃어버리게 된다.

또한 프로들이 어린 시절부터 체계적인 Lesson을 통하여 수없이 많은 반복 연습을 통하여 몸에 밴 스윙 메커니즘을 성인이 된 아마추어가 갑자기 연습을 한다고 같은 스윙 동작이 나오기가 어려운 것이다. 프로들이 지금의 스윙을 만들기까지의 연습량도 아마추어가 도저히 따라갈 수가 없는 것이다. 하루 10시간 이상씩 1,000여 개의 볼을 치면서 10~20여 년 이상을 연습한 프로들의 스윙을 아마추어가 짧은 시간 내에 흉내 낸다는 것은 쉬운 일이 아니다.

따라서 아마추어가 스윙을 교정하려고 할 때는 다음 원칙을 지켜주는 것이 좋다.

첫째, 스윙 교정의 목표를 명확히 해야 한다. Hook 볼이나 슬라이드 볼을 교정하려고 하는지, 뒤땅이나 Topping을 방지하기 위한 샷을 필요로 하는지, 아니면 Draw Ball을 구사하려고 하는지, Fade 볼을 구사하려고 하는지 또한 Short game을 보강하기 위한 것인지? 아니면 좀 더 거리를 늘리는 샷을 원하는지? 스윙교정의 목표를 분명히 세워서 여기에 맞는 레슨과 연습을 해야 한다.

둘째, 충분한 시간을 가지고 Lesson을 받고, 연습을 통하여 자기 스윙을 만들어야 한다. 머리로 이해하기만 하는 스윙은 몸이 기억하지 못하기 때문에 언제이고 다시 옛 습관이 살아나면서 스윙이 망가지게 되는 것이다. 근육은 기억을 못하고 단지 반응을 할 뿐이라는 사실을 유념해서 반복적으로 꾸준한 연습을 통하여 기계적인 스윙이 나오도록 연습해야 한다.

셋째, TV 등의 골프 레슨에도 등급을 매겨서 (영화에서 관람 가능한 나이 등급 정하듯이 : PG13) 하위 핸디캡플레이어, 미들 핸디캡플레이어, 로우 핸디캡플레이어 등으로 구분해서 Lesson 프로그램을 방송해주면 좋을 것 같다. 그래야 아마추어들이 자기 수준에 맞는 골프 Lesson 프로그램을 골라서 보면서 자기만의 스윙을 완성할 수 있을 것이다. 타이거 우즈의 스윙이 멋있고, 장타이고, 우승도 많이 한 스윙이지만, 타이거 우즈의 스윙이 모든 아마추어에게 적용될 수는 없는 것이다. 단지 타이거 우즈에게 맞는 특화된 스윙임을 알고 참고하도록 해야 할 것이다.

KNOWHOW 07

시니어 골프

KNOWHOW 07

시니어 골프

골프를 시작한 지 30여 년이 넘었다. 60대를 넘어 70대에 들어서고 있다. 최근 2~3년 사이 눈에 띄게 거리도 줄고 집중력도 떨어지는 것을 느끼고 있다. 노후의 건강관리를 위하여 5~6년 전부터 매일 헬스클럽에서 스트레칭을 하면서 유연성도 키워왔고, 근력운동도 열심히 했었는데 무리하게 근력운동을 하였는지 어깨의 회전근개가 손상을 입으면서 치료와 재활 운동으로 2~3년간 거의 골프를 중단하다시피 했었다. 정형외과와 재활의학과를 자주 다니다 보니 의사분들이 재미있는 얘기를 한다. 헬스클럽의 트레이너, 에어로빅 강사, 요가 강사 등 덕분에 병원이 유지되고 있다고 한다. 건강을 위해서 시작한 운동이 나이에 걸맞지 않게 무리하게 하다 보니 근육통증, 관절통증, 인대파열, 목과 척추디스크 등으로 병원으로 찾게 된다는 역설적인 얘기다. 그동안의 어깨통증에서 해방되어 금년부터 다시 골프스윙을 교정하고 있지만, 골프가 왜 이렇게 어려운 운동인가를 새삼 실감하고 있다.

건강한 신체를 가진 사람들도 60세를 넘어 70세 전후로 신체적으로 큰 변화를 맞게 되는 것 같다. 남성 여성 모두 의학적으로는 성호르몬 분비가 급격히 줄어드는 시기라서, 비거리가 줄어들고 집중력도 급격히 떨어지기 시작한다고 한다. 대다수의 아마추어 골퍼들은 나이가 들면서 이전에 필드에서 경험하지 못했던 다양한 신체적 변화와 현상을 경험하게 된다.

가장 두드러진 변화는 근력이 떨어지면서 자연스럽게 비거리가 줄어드는 것 또한 시력이 약화되면서 눈에 초점이 잘 맞지 않아 아이언샷을 할 때 뒤땅을 치거나 토핑을 내기도 하고 집중력도 떨어져 볼을 대강 쳐버리려고 하며, 그린에서도 퍼팅라인이 잘 안 보이고, 오르막과 내리막도 구분이 잘 안 되니 성급히 퍼팅을 해서 실수를 많이 하게 되고 자연스럽게 타수도 늘어난다.

라운드 후에도 9홀을 더 치고 싶은 욕구가 사라지는 등 예전과 다르게 부쩍 피곤함을 느끼게 된다. 싱글 플레이어가 어느 날부터인가 보기 플레이어가 되어 모든 골퍼가 보기 플레이어가 되는 시기가 오는 것이다. 이런 다양한 현상들은 모두 성호르몬의 분비가 급격히 줄어들면서 몸이 잘 적응하지 못하기 때문에 생기는 것으로 어찌보면 시니어 골퍼에겐 자연스러운 현상으로 받아들여야 한다고 한다.

흔히들 골프에서 나이가 60세를 넘으면 매년 드라이버 길이가 10야드씩 줄어든다고 한다. 인간의 몸은 30세부터 노화가 시작된다고 한다. 요즘 PGA나 LPGA에서 선두권을 달리는 선수들을 보면 20대, 30대가 주류를 이루고 간혹 40대의 노장 선수들이 우승을 하고 있는 것을 보면 실감이 간다. 로마 시대에도 지휘관을 제외하고는 30세가 넘으면 일선 전투병과에서 전투지원요원으로 전환시켰다고 알려졌다.

고령화 시대를 맞아 한국에서도 65세 이상 인구가 711만을 넘어서고 있으며 평균수명도 82세를 넘어서고 있다. 노령화 시대를 맞아 어떻게 하면 건강하게 살다가 죽을 것인가? 즉, 웰비잉, 웰다잉이 새로운 화두가 되고 있다.

요즘, 60세는 청춘이라고 하지만 인간의 체격 구조상 60세가 넘으면 노령화가 상당 부분 진행돼 젊은 시절에 비해 강력하고 폭발적인 힘을 쓸 수가 없다. 65세부터 법적으로도 노인취급을 받아 지하철, 고궁, 영화관 등 입장료에서 특혜를 받는다. 골프에서도 마찬가지로 65세가 넘으면 골프의 한계점에 도달한다. 6~70년대 골프계를 평정한 아놀드 파머, 게리 플레이어, 잭 니클라우스 등의 현재 스윙을 보면 골프 세계에도 영원한 승자는 없는 것이다.

수백 년의 골프 역사에서 골프 장비와 스윙기술이 꾸준히 발전, 변화됐음에도 불구하고 프로투어에서 일류의 스윙기술과 장타를 자랑하던 유명 선수들도 사십 대 중후반만 되면 나이를 이기지 못해 한결같이 실력이 초라해지기 시작한다.

지금 우리는 분명 100세 시대에 살고 있다. 전문 직업인 프로 영역의 스포츠에서나 개인 건강을 위한 생활체육 부분에서나 모두 신체적 나이 뛰어넘기가 가속화되고 있는 것이 요즘 추세다. 골프에서도 신체적 나이를 늦추기 위한 노력이 계속 추구되고 있기는 하지만, 신체적 나이를 뛰어넘는 일은 아직까지 힘든 일이라 생각된다.

신체적으로 이미 절정기를 넘어선 시니어 골프로서는 나이는 생각지 않고 비거리와 정확성을 고집하는 건 건강을 위한 운동이라기보다는 자칫 건강을 해치는 운동이 될 수도 있다. 시니어 골프는 건강을 목표로 하고, 즐길 수 있는 취미 운동이라 생각하는 것이 어쩌면 현명한 일인지도 모른다.

여기에서 시니어 골퍼들의 고민이 생긴다.

지금까지의 스윙을 점검하며 스윙을 교정하는 골프구조조정을 시작해서 전성기의 골프 영광을 되찾을 것인가? 아니면 몸이 허락하는 대로 편안하게 스윙을 하면서 거리 욕심을 버리고 상대방과 경쟁하지 말고 욕심을 버리고 필드에서 골프를 즐길 수 있다는 것을 행복하게 생각하고 살아갈 것인가?

어느 길을 갈 것인가는 각자의 골프철학, 신체조건 등에 따라 본인이 결정할 일이다. 그러나 7~80대까지도 젊은 사람 못지않은 꾸준한 스코어를 유지하면서, 에이지 슈팅을 목표로 하는 골퍼라면 당연히 골프구조조정을 통한 시니어 골퍼로서의 새로운 인생을 열어가길 바란다. 골프 구조조정의 첫 단계는 규칙적 운동과 적절한 칼로리 섭취이다.

먼저 규칙적으로 운동하고 칼로리가 제한된 식단을 짜야 한다. 운동은 주3~4회, 한번에 한 시간 정도 땀이 날 정도로 꾸준히 하는 것이 가장 좋다. 가벼운 체조나 스트레칭으로 몸을 풀고 무리하지 않는 선에서 근력운동을 같이 하는 것도 도움이 된다. 절대로 헬스트레이너 말 믿지 말고 자기 능력 한도 범위 내에서 근력운동을 하길 바란다.

적절한 칼로리 섭취는 생활에 필요한 모든 영양소를 고루 섭취하되 몸무게와 비만도, 체질량지수, 총 필요열량 등을 고려해 매일 규칙적으로 필요한 영양식을 섭취하도록 해야 한다. 필요 이상의 칼로리 섭취를 줄이면 각종 질병에 대한 면역력도 강화되고 노화도 지연시켜준다.

골프를 치다가 통증이 오면 손상된 부위가 아물도록 2~3주 무조건 골프를 쉬는 것이 좋다. 통증이 있는데도 임시방편으로 진통제 등을 복용하면서 골프를 지속하면 더 큰 골격계 손상으로 이어질 수도 있기 때문이다.

나이가 들면서 눈 속 수정체의 탄력이 떨어지면서 초점이 잘 맞지 않게 되면, 아이언샷을 할 때 뒤땅을 치거나 미스샷을 내는 횟수가 늘어난다. 멀리 날아가는 공의 위치를 정확히 확인하기도 힘들다. 시력에 맞는 안경을 처방받아 맞는 안경을 써야 한다. 골프를 자주 치면 자외선의 영향으로 백내장 등 시력장해가 올 가능성이 높아지므로 선글라스나 챙 넓은 모자를 착용해 눈을 보호해야 한다.

자외선이 강한 야외에서의 골프는 선크림은 필수다. 선크림은 자외선 차단지수(SPF)가 50 이상인 것을 발라야 제대로 효과를 볼 수 있다고 한다. 대부분 클럽하우스에서 식사를 마치고 1번 홀에 이동하면서 선크림을 바르는데, 자외선 차단제가 피부에 충분히 흡수되는 데는 30분 정도 걸리므로 식사 전에 발라주고 전반 나인 홀을 돌고 나서 다시 한번 바르는 것이 좋다고 한다.

유명 프로들이 제시하는 시니어 골퍼를 위한 스윙 노하우를 살펴보면 나이가 들수록 떨어지는 유연성을 어떻게 극복할 것인가이다. 유연성이 떨어지면 백스윙 시 어깨의 회전이 충분히 이루어지기 어려워진다. 어깨를 돌려준다는 느낌보다는 백스윙에서 등을 목표 방향으로 돌려준다는 느낌으로 스윙을 하면 체중을 이용한 스윙이 가능해져서 비거리도 충분히 낼 수 있다고 한다.

백스윙 크기가 작아지면 자동적으로 팔로만 스윙을 하게 되는데 팔로만 스윙을 하면 거리가 짧아져 제 스코어를 내기 어려워지고 클럽이 빨리 내려오면서 클럽을 엎어 치는 원인이 되기 때문에 방향성도 나빠지게 된다.

그리고 시니어 골퍼는 스코어에 너무 연연하는 것보다는 즐겁게 라운드할 수 있는 동반자를 많이 만드는 것이 더 중요하다. 나이가 들면서 동반 플레이어들이 여러 가지 이유로 필드에서 점차 자취를 감추는 게 현실이니 좋은 골프동반자를 만드는 것이 더 행복하게 골프를 즐길 수 있는 비결이기 때문이다.

유연성과 근력이 떨어지다 보니 스윙이 한 동작으로 이뤄지지 못한다. 백스윙부터 시작은 좋다가 임팩트 이후 다리가 흔들리며 스윙 궤도가 무너지기도 한다.

시니어 골퍼들의 셋 업 자세는 젊은 시절과 비교했을 때 허리를 덜 구부리는 자세가 좋다고 한다. 어깨 회전 역시 잘되지 않으므로 슬라이스성 구질을 유발하고 비거리도 짧아지게 된다. 시니어 골퍼가 클럽을 잡을 때는 스트롱 그립을 취해서 충분하지 못한 어깨 회전을 보완해주어야 한다. 또 부족한 힘을 만회하기 위해 클럽 길이는 넉넉히 잡고 스탠스는 오른발을 약간 뒤로 당기는 클로즈 스탠스가 몸 회전에 도움이 된다. 스윙할 때는 동작별로 모자라는 힘과 유연성 보완에 주안점을 둔다. 백스윙할 때는 왼쪽 발꿈치를 살짝 들어 엉덩이 턴을 도와주고 클럽은 몸 안쪽으로 빼고 백스윙 톱에서는 왼팔을 약간 구부려 부족한 어깨 회전을 돕는다. 왼쪽 손목은 좀 더 일찍 코킹(Cocking)시키고, 백스윙을 시작하면서 어깨 회전을 할 때는 머리도 약간 돌린다.

　백스윙 톱에서는 오른쪽 팔과 팔꿈치를 몸에서 약간 떨어지게 하여 스윙의 넓이를 늘려주며 몸의 긴장감을 없앤다. 시니어 골퍼들은 몸통이나 어깨의 유연성이 떨어지기 때문에 스윙이 작고 딱딱해지는데, 이렇게 함으로써 자연스럽게 스윙 크기를 늘릴 수 있다.

　다운스윙할 때는 왼 다리의 무릎을 지면을 향해 누르는 기분으로 체중을 왼발로 옮겨주면서, 엉덩이를 왼쪽으로 돌려주어 체중을 이동시키되 몸통 전체가 따라가선 안 된다.

　피니시에서는 온몸이 딸려가듯 마무리하지 말고, 왼발에 몸을 얹어놓는 기분으로 힘이 밖으로 새는 것을 막아주면서 오른쪽 발은 자연스럽게 표적 방향으로 걸어나가듯 따라가면 된다.

　시니어들은 피니시에서 균형 감각을 유지하는 것이 어려울 수 있으므로 너무 완벽한 피니시 자세를 만들려고 노력하지 말고, 자연스럽게 만들어지는 자세를 수용하는 것이 좋다. 이들에게 가장 좋은 골프는 자신의 건강과 체력이 허용되는 범위 내에서 스코어에 너무 연연하지 말고 동반자들과 즐겁게 라운딩하는 것이 최대의 목표로 삼는 것이 좋다.

특히 시니어가 되면 아이언샷의 거리도 줄면서 정확성이 떨어지는데, 이는 클럽헤드의 스피드가 감소되면서 나타나는 자연스러운 현상이다. 비거리의 감소는 한 클럽 더 긴 아이언이나 유틸리티 클럽으로 극복하면 되고, 아이언샷의 정확도를 향상시키기 위해서는 Impact에 중점을 두어 목표 방향으로 클럽을 던져주는 샷이 도움이 된다. 너무 서둘러서 클럽을 휘두르지 말고 피니시도 끝까지 하지 말고 Impact 중심으로 끊어치는 느낌의 샷으로 2~3시 방향 정도까지만 스윙이 이루어진다고 생각하고 샷을 하면 정확도가 높아진다.

고령화 시대의 조기진입으로 늘어나고 있는 에이지 슈트

골퍼로서 누구나 한 번쯤 인생에서 성취해보고 싶은 꿈이 에이지 슈트(Age shoot)다.

홀인원 행운의 샷이라고 할 수 있지만 에이지 슈트는 골프 실력과 건강, 경제력이 뒷받침돼야 할 수 있는 것으로 골퍼에게 가장 큰 경사이자 명예이고 아마추어 골퍼라면 누구나 에이지 슈트를 꿈꾼다.

에이지 슈트는 플레이어가 자기 나이와 같거나 더 적은 스코어로 18홀을 마치는 것을 말한다. (A golfer whose score matches or beats his or her age.) 예를 들면 70세에 70타나 그 이하 스코어를 달성하는 것이다. 에이지 슈트를 기록한 사람을 에이지 슈터(Age shooter)라고 한다. 에이지 슈터는 건강의 승리이자 골프의 승리를 의미한다.

공인 에이지 슈터가 되려면 3가지 조건을 만족해야 한다. 18홀 파72에 코스 길이가 남자는 6,000야드(약 5,486M) 이상, 여자는 5,400야드 이상이어야 하고 노 멀리건, 노 터치, 홀아웃, 즉 노 오케이여야 한다.

20여 년 전만 해도 남녀 평균수명이 70세 전후여서 에이지 슈트는 쉽사리 이룰 수 없는 기록이었다. 그러나 고령화 시대로 접어들면서 평균 수명이 82세로 늘어나면서 주변에 에이지 슈트를 기록하는 아마추어 골퍼들이 심심치 않게 있다.

필자의 선배 한 분은 78세의 나이에 요즘도 70대 초반을 유지하고 있고, 본인이 특별히 에이지 슈트 횟수를 헤아리지 않아서 정확한 횟수는 기억을 못하겠지만 1년에 100여 회 이상을 라운딩하는 분이니, 지금까지 최소 3~400회 이상의 에이지 슈트를 했을 것으로 생각된다.

건강관리들도 잘하고 기력이 좋아진 70~80대들이 많아지다 보니 앞으로 에이지 슈트 달성자가 많아지면서 그 희귀성이 절하될 것으로 보인다. 미국의 트럼프 대통령도 지난해 71세 나이에 68타를 기록해 에이지 슈터가 됐다고 한다.

필자가 자주 찾는 일본의 컨트리클럽에도 100여 회 이상의 에이지 슈트와 이글, 홀인원 등을 기록한 시니어 골퍼들의 기념비가 심심치 않게 눈에 띈다.

고령화 시대 대비한 골프 파트너 확보 전략

미국 골프장에 가보면 '시니어 골퍼' 부부가 다정히 라운딩하는 광경을 흔히 볼 수 있다. 미국의 퍼블릭 코스나 프라이빗 코스에 나가면 언제나 '골프 페어링'(Pairing)을 할 수 있어 노년이 되어도 골프를 혼자서 즐길 수 있다. 그러나 우리나라는 시니어 골퍼가 되면 동반자 구하기가 쉽지 않다.

'멤버스 데이'에 나가 혼자 기다려도 나이가 많다고 기피당하는 경우가 흔하다. 막상 '조인'(Join)을 한다 하더라도 괜히 눈총받는 것 같아 마음이 편치 않다. 어느 골퍼도 동작이 느리고 샷이 짧은 노인과 치지 않으려고 하기 때문이다.

젊었을 때부터 부부가 같이 골프를 배워두었다면 부인이 더없이 좋은 골프 파트너가 될 수 있다. 친구 부부 한 명만 확보해도 4인 플레이를 할 수 있으니 더없이 행복한 골프를 즐길 수 있다.

그러나 젊었을 때 아내를 홀로 두고 혼자서 실컷 골프를 즐긴 사람이 말년에 부인 골프를 가르치려면 많은 시간과 돈이 필요하게 된다. 아내에게 골프채를 사주고 레슨비를 내주고 열심히 가르쳐보지만, 실력이 하루 아침에 늘지 않는다. 그래도 레슨 도중에 아내의 자존심을 상하게 하는 말을 해서는 절대 안 된다. 부인이 골프에 대해 싫증을 내고 골프채를 집어 던지면 혼자 외롭게 동반 플레이어를 구해야 할 상황이 올 수도 있다. 부인 입장에서도 드넓은 페어웨이에서 심신을 단련하고, 맛있는 음식도 먹고, 골프웨어도 사고, 남편과 많은 시간을 같이 보내니 예전과 다른 행복감에 빠져든다. 마침내 아들 딸이나 사위 며느리를 데리고 함께 라운딩하게 된다. 그러나 사위나 아들, 딸도 한두 번은 아버지와 함께 마지못해 라운딩해준다. 물론 골프 비용은 초청자인 아버지가 부담한다. 그렇지 않으면 불러도 오지 않는다. 같이 하루를 보내주는 것만 해도 큰 '봉사'인데 비용까지 부담하라고 하면 그다음부터는 절대로 응하지 않을 것이기 때문이다. 야속하지만 이것이 현실이니 할 수 없다.

결국은 가장 좋은 골프 파트너인 친구들을 찾을 수밖에 없다. 같이 늙어가는 처지이니 동병상련이랄까 서로 이해도 잘해주고, 옛날이야기 하면서 같이 웃고 즐기다 보면 더없이 좋은 골프 파트너는 역시 친구뿐이다.

그러나 나이가 65세를 넘으면 경제적 능력이 없어질 뿐 아니라 기력도 조금씩 약해진다. 주위 친구도 하나둘 병들기 시작하고 세상을 먼저 떠나는 친구도 생긴다. 새로운 수입원이 없어지니 노후대비 준비해둔 경제력이 없으면 골프를 치는 것이 쉽지 않다. 그린피 캐디피 등 비용이 만만치 않고 골프장까지 자동차로 이동해야 하는데, 시력도 나빠지고 주의력도 산만해지면서 운전이 어려워지는 시니어 골퍼도 많이 생겨난다.

부인이 같이 골프를 안 쳐도 건강해야 하는데 시니어 골퍼들 중에는 부인 병간호하느라고 골프를 중단하는 사람도 생겨난다. 평소에 부인의 건강관리도 각별한 신경을 써서 건강하게 부부가 같이 라운딩하는 즐거움을 만끽하길 바란다. 평소에 친구들을 포함한 주변의 지인들에게 많이 베풀고 도와주고 해서 좋은 인간관계를 구축해 놓은 사람은 같이 골프 하자고 하면 모두가 환영을 해주지만, 평소의 인간관계가 좋지 못한 사람은 나이가 들수록 동반자를 구하기가 어려워진다.

학교 동창회 골프, 직장 동호회 골프, 헬스클럽 동호회 골프 등 각종 동아리 모임의 골프 모임에 빠지지 말고 적극적으로 참여하는 방법도 골프를 정기적으로 칠 수 있는 좋은 방법이다.

각종 해외 골프투어모임에도 적극적으로 참여토록 하여, 특히 부부동반 투어에 빠지지 말고 참여하여 해외골프도 즐기고 관광도 하는 일석이조의 기쁨을 누리기를 바란다.

고령화 시대를 맞아 시니어 골퍼로서 장수하는 비결은

첫째가 좋은 인간관계를 구축해 놓는 일이다. 친구나 선후배들 등 주변의 지인들과 좋은 관계를 유지하고, 끊임없이 베풀고, 골프내기를 하게 되면 많이 잃어주기도 하고 해서 좋은 골프파트너를 많이 확보해 놓아야 한다.

둘째는 아무래도 젊었을 때의 골프 실력을 오랫동안 유지해서 소위 민폐가 되는 일이 없어야 한다. 시니어 골퍼들도 이기적일 수밖에 없어서 자기보다 못 치는 골퍼보다는 잘 치는 골퍼들과 라운딩하기를 원한다.

셋째는 일주일에 3~4회 골프를 즐길 정도의 경제력은 확보하고 있어야 한다. 그리고 가끔은 해외 골프투어를 가는데 부담 없이 조인할 수 있어야 동료들로부터 환영을 받는다.

넷째 가장 중요한 것은 끊임없는 운동과 건강관리로 골프하기에 좋은 컨디션을 유지하고 있어야 한다. 이 모든 것이 갖추어졌을 때 시니어 골퍼로 에이지 슈트까지 할 수 있는 영광을 갖게 될 것이다.

시니어 골퍼 분들과 라운드를 할 경우에는 지켜야 할 바른 예의

① 티잉그라운드에서는 자신보다 더 나이를 드신 분이 먼저 치도록 대접해 드리도록 하라. 나중에 친다고 하더라도 '먼저 치시라'고 얘기하도록 한다.

② 드라이버 샷이 좋지 않을 때는 캐디에게 양해를 구하고 다시 잠정구나 멀리건을 드리도록 한다.

③ 페어웨이 디봇이나 러프 등 안 좋은 곳에 볼이 빠져 있으면 좋은 곳에 놓고 치게 한다.

④ 나이 드신 분이 잘못 쳐도 절대 웃지 말고 가르치려고 하지 마라. 과거에는 잘 치셨던 분이 노령화되면서 신체기능이 떨어지고 집중력이 떨어지는 현상이니 이해하도록 한다.

⑤ 자신이 잘 쳤을 때에도 겸손해야 한다. "운이 좋았습니다. 동반자 덕분입니다." 등으로 표현하는 것이 좋다.

⑥ 스윙연습은 너무 많이 하지 말고, 한두 번으로 가볍게 끝내도록 한다.

⑦ 샷을 하려는 상황에서는 어떠한 말이나 움직임도 있어서는 안 된다.

⑧ 페어웨이를 걸을 때도 나이가 드신 분이 먼저 한두 발 앞으로 걷도록 한다.

⑨ 그린 위에서 홀에 어느 정도 가까우면 OK(컨시드)를 빨리 준다.

⑩ 조그마한 굿샷에도 언제나 칭찬을 하고 잘 칠 때는 하이파이브를 해 주도록 한다.

⑪ 끝난 후에 먼저 다가가 "수고하셨습니다. 덕분에 오늘 라운딩이 즐거웠습니다."라고 인사를 해라.

KNOWHOW 08

세계 명문 골프클럽 방문기

KNOWHOW 08

세계 명문 골프클럽 방문기

가. 세인트앤드류스(St. Andrews)
Old Course(The Royal Ancient Golf Club of St. Andrews)

2003년 기다리고 고대하던 골프의 발상지 세인트앤드류스 Old Course를 방문할 기회를 갖게 되었다.

파리에 근무하면서 오랜만에 휴가를 내어 스코틀랜드 에딘버러를 방문했다. 공항에서 Rent car를 했는데 그 당시로써는 Navigation이 장착된 첨단 자동차를 Rent해서 에딘버러의 올드타운과 관광명소인 Edinburgh castle을 둘러보고 스카치 위스키 공장도 방문하여 위스키 맛도 음미하였다.

차가운 북해의 바람과 시도 때도 없이 내리는 비로 스코틀랜드의 겨울은 우울하고 추웠다. 기온이 한국 겨울처럼 영하의 날씨가 지속되지는 않지만, 냉기가 뼛속까지 스며드는 추위를 체감하였다.

내비게이션의 도움으로 어렵지 않게 에딘버러의 동북 해안가에 있는 세인트앤드류스 Old Course를 찾을 수 있었다. 새벽 동이 트기 전에 도착하여 차 안에서 미리 준비한 샌드위치를 먹으면서 Starter가 출근하기를 기다렸다.

사전예약제가 시행되어 Ballot Lottery라는 추첨시스템을 통하여 티오프(Tee-off) 시간을 배정받으면 예약시간에 맞추어 도착하면 Play가 가능하지만 나 같은 방문객 입장에서는 예약을 하기가 하늘의 별 따기고 일찍 도착해서 Waiting하면 4인 Play에 빈자리가 생길 때 선착순으로 Join해서 Play 할 수 있는 기회를 주고 있다.

그러나 주의할 점은 핸디캡이 24이하인 Handicap 인증서를 지참해야 입장이 가능하다. Paris의 Raray CC에서 발급받은 핸디캡인증서로 제출하고 Join 할 수 있었다.

왜 수많은 골퍼들이 세인트앤드류스 Old Course를 방문하는가?

강한 바람, 억센 러프, 악명 높은 항아리벙커로 유명한 링크스 코스인 세인트앤드류스 Old Course는 미국의 페블비치(Pebble Beach)와 더불어 세계에서 가장 인기 있는 퍼블릭 코스이자 골프의 성지이다. 성지라 부르는 것은 이곳이 전 세계 18홀 코스 중 가장 오래된 코스이기 때문이다.

오래된 역사처럼 올드 코스는 한순간에 이루어진 것은 아니며 수많은 골프애호가들의 노력에 의하여 퍼블릭 골프장의 대명사로 자리매김하게 되었다.

당초에는 아웃코스 11개 홀, 인코스 11개 홀 총 22개 홀로 구성이 되어 모든 것을 1764년 22개 홀에서 18개 홀로 조정이 되었으며 영국 R&A(왕립골프협회)가 이를 계기로 1858년 골프코스를 18개 홀로 규정한 것으로 알려졌다.

그 후 세계 최고의 골프장 설계자가 된 알란 로버트슨(Allan Robert son)과 올드 톰 모리스(Old Tom Morris)에 의해 올드 코스는 현재의 모습을 갖추게 되었다고 한다.

올드 코스의 특징은 이 골프

코스가 링크스(Links) 코스라는 점이다. 링크스 코스는 골프가 처음 생긴 영국과 아일랜드 일대의 오래된 명품 골프 코스들 대부분이 가진 형태로, 인공적인 디자인을 가미하지 않고 세월의 흐름에 따라 생긴 지형 변화를 자연 그대로 이용하는 것이다. 잔디도 곱게 관리되지 않고 완만한 구릉이 불규칙하게 이어지며 토질도 단단하다. 대부분 해안가에 자리 잡아 바람도 세다. 페어웨이는 단순하지만, 러프는 깊다. 러프가 워낙 억세고 길게 자라서 아마추어에게는 탈출 자체가 어렵고 프로도 Ball Control이 안되어 고생을 하게 되어있다.

위협적인 13번 홀 항아리벙커 모습

또한, 112개나 되는 벙커는 악명이 높다. 벙커가 깊고 좁아서 티잉 그라운드에서는 잘 보이지 않는 블라인드 벙커가 많아 반드시 야디지 북을 확인해야만 한다. 벙커에 들어가면 턱이 키보다 높아 정면으로의 탈출이 불가능할 때가 많아 옆이나 뒤로 일단 탈출을 해야 한다. 몹시 좁고 수직으로 깎아 깊게 만든 항아리 모양의 벙커가 많아 프로 골퍼들도 이곳에 공을 빠뜨리면 우승이 멀어질 수도 있다. 특히 17번 홀 그린 사이에 위치한 로드 벙커(Road bunker)는 디오픈에 참가한 플레이어와 갤러리들을 울고 웃게 하곤 했다. 최경주 프로도 2005년 이 벙커에서 9타를 기록함으로써 마지막 날 12위로 출발한 순위가 47위로 떨어졌었다고 한다.

페어웨이 잔디가 워낙 짧게 다듬어져 있어서 우드샷도 아이언샷과 같이 다운블로우로 하지 않으면 Topping이 되곤 하였다.

그린도 넓어서 퍼팅 길이가 너무 길다 보니 프로 선수들도 그린에서 우드를 잡는 경우가 종종 있다.

어디가 그린이고 어디까지가 페어웨이인지 경계도 불분명했다. 온 그린을 굳게 믿었는데 막상 가보면 거기가 그린인지 페어웨이인지 확신할 수가 없었다. 서로 다른 두 홀이 같은 그린을 사용하는 홀도 많았다.

올드 코스에는 세계 모든 골퍼로부터 사랑을 받고 있는 명소가 있다. 18번 그린으로 향하는 모든 골퍼들이 꼭 건너야 하는 아주 작은 돌다리인 The Swilcan Bridge이다. 이 다리가 언제부터 이 골프장을 지켜오고 있었는지는 명확하지 않지만 수많은 골퍼들의 환희와 눈물의 순간을 묵묵히 지켜보고 있는 골프의 산 역사이다. 디오픈(The Open)의 영웅이었던 아놀드 파머(Arnold Parlmer)와 잭 니클라우스(Jack Nicklaus) 그리고 2009년 디오픈(The Open)의 주인공이었던 톰 왓슨 Tom Watson 역시 이 다리 위에서 눈물의 고별인사를 전한 곳이다.

올드 코스에서는 챔피언십이 개최될 때가 아니면 일요일은 골프를 즐길 수가 없다. 독실한 카톨릭 도시였던 세인트 앤드류스가 종교개혁으로 엄격한 기독교 도시로 바뀌면서 생겨난 전통이지만, 이는 골퍼가 휴식이 필요한 것처럼 코스도 쉬어야 한다고 주장한 올드 톰 모리스에 의해 지켜지게 된 관례라고 한다.

해변 모래사장 황량한 벌판에 별다른 가감 없이 자연스럽게 형성되어 있는 코스는 얼핏 잘못 보면 황무지이거나 관리에 실패한 목장같이 보일 수도 있지만, 그 자연스러움이 세인트앤드류스의 핵심이었다.

세인트앤드류스는 역사성과 지명도를 배제하더라도 마땅히 인정받을 만한 골프장이다. 자연 그대로의 모습을 살려서 설계를 하고,

플레이어의 골프 실력에 따라 차별성이 부각되는 골프장이 좋은 골프장이라고 한다면, 세인트앤드류스 올드 코스는 어느 다른 명문 골프장보다 훨씬 자연의 모습을 그대로 유지하고 있었고 그러기에 골퍼라면 누구나 한번은 쳐보고 싶은 모티브를 갖게 하는 곳이 바로 올드 코스이다. 자연과 더불어 골프를 즐기고 자연 앞에서 고개를 숙이게 하고 절대로 자연과 싸워 이길 수 없다는 것을 깨닫게 하여 인간의 한계를 느끼게 하고 때로는 척박한 환경과 궂은 날씨를 극복해 내는 인간의 도전정신을 일깨워주는 곳이다.

나. 페블비치 Golf Resort

① 페블비치의 17마일 드라이브 길

캘리포니아 중부의 해안도시 몬트레이 남쪽에 위치한 Pebble Beach는 미국 최고 골프 코스인 Pebble Beach Golf Links가 있는 곳으로 골퍼들에게는 물론이고 골프를 치지 않는 사람들에게도 유명한 곳이다. Pebble Beach는 Pebble Beach Corporation이라는 운영단체가 Pebble Beach Golf Links를 비롯해서 네 개의 골프 코스와 리조트인 The Lodge at Pebble Beach와 The Inn at Spanish Bay의 자산을 소유하고 있다.

1990년 일본의 개발업자 미노투 이스타니가 8억 4천1백만 달러에 인수하였으나 자금난으로 주채권 은행인 스미모토 은행이 부동산을 인수하여 92년 은행관계 회사에 5억 달러에 매각하였으며, 그 이후 영화배우이자 이웃 마을 칼멜의 시장이기도 했던 클린튼 이스트우드와 전설적인 골퍼 아놀드 파머 그리고 메이저리그 야구의 커미셔너였던 피터 유베로쓰가 주축인 투자회사가 1999년 8억 5천만 불에 사들여서 지금까지 소유[주8]해오고 있는 Public 골프장이다. 새로운 소유주들에 의한 주변 개발계획[주9]은 주민들의 반대로 진척을

주8) 지난 85년부터 91년까지 일본 회사들은 미국 부동산 시장에 약 7백70억 달러를 투자했다. 캘리포니아, 하와이, 뉴욕의 부동산이 주 대상이었다. 日 미쓰비시 부동산 회사와 슈와투자社 등은 록펠러센터, LA 소재 니폰에어 호텔, 애리조나주 갤러리아 미데센타, 페블비치 골프클럽 등 미국에서 가장 유명한 일부 부동산을 매입, 미국이 문화적 상징을 잃고 있다는 우려를 촉발시켰다. 90년대 초까지 하와이의 거의 모든 별 4개나 5개짜리 휴양시설은 일본투자자 소유이거나 일본인 자금으로 지은 것이었다. 불황이 닥쳐 공급과잉의 미국 부동산 시장은 붕괴했다. 상업 부동산 가격은 30% 이상 떨어졌다. 임대료가 오를 것으로 예상, 미국 부동산을 사들였던 일본 회사들이 입은 손실은 컸다.

주9) 새로운 소유주들은 페블비치 일대에 900세대의 주택을 신축하고, 델몬트 숲에서 3만 3천여 그루의 소나무를 벌목한다는 계획을 세웠으나 주민들의 반대로 개발계획을 백지화시켰다. 그 이후 골프코스 및 호텔 증축계획안은 유지한 반면, 주택증축을 38가구로 제한하여 기존의 수풀지대를 보존하는 새로운 계획을 발효했지만, 반대자들의 더 심한 반발을 불러일으켰다. 페블비치 골프장을 확장하려는 이 회사의 노력은 지속되고 있다. 지난 10년간, 페닌슐라의 장관을 이룬 소나무 숲과 기암괴석의 절벽을 배경으로 골프코스를 확장하기 위해 집요하게 노력해 왔다. 그러나 그때마다 환경보호론자들의 강력한 반대에 부딪혀 번번히 뜻을 이루지 못했다. 최근 골프장 신설을 둘러싼 개발업자와 환경론자들의 논쟁은 미국 전역에서 벌어지는 보편적인 현상으로, 개발업자들과 환경론자들의 싸움에서는 대개 개발업자들이 승리하게 되어 있지만, 몬트레이 페닌슐라의 골프장 개발논쟁만큼은 아직도 진행중이다.

보이지 못하고 있다.

17마일 드라이브 길에는 관광객을 위하여 차를 멈추고 구경할 수 있는 21곳을 지정하여 놓았는데 시간이 허락하는 대로 들려보면 많은 추억이 된다.

그중에서도 꼭 빼놓지 말고 들려봐야 할 곳이 바다사자와 물개들의 낙원인 Bird Rock이다. 바다사자와 물개들 그리고 여러 바다새들이 조그만 바위 섬에 옹기종기 붙어 모여있는 것이 유명하다. 또한 Pebble Beach의 맑고 푸른 바다를 다양한 각도에서 볼 수 있다.

그리고 페블비치의 상징인 The Lone Cypress를 잊지 말고 들려보길 권한다. Pebble Beach의 아이콘인 사이프러스 나무가 작은 바위에서 250여 년 동안 온갖 풍상을 견디어 왔단다. 이 사이프러스 나무는 보는 사람에게 불굴의 용기와 인내심을 떠올리게 하는 Pebble Beach의 상징이다.

② 페블비치 골프리조트에서의 Golf

먼저 페블비치 골프 링크스의 그린피를 소개한다.

- Resort Guest : $495
- Non-Resort Guest : $495 + cart fee
- Cart Fee : $40 per person
- Caddie Fee : $80 per bag
- Forecaddie : $40 pp/3 player min
- Rental Clubs $95 per bag + tax

* From October 1 Through November 30, golf rates are $525 for resort guests and $525 + cart fee for non-resort guest

왜 이렇게 비싼 그린피를 내면서 전 세계 골퍼들이 이곳에서 골프를 치려고 하는가? 과연 그만한 가치가 있는가? 물론 답은 Yes이다.

필자도 미국에서 근무도 하였고, 수많이 미국을 방문하였지만 좀처럼 이곳에서 Rounding 할 기회를 갖기는 쉬운 일이 아니었다. 혹시 시간 여유가 생기더라도 갑자기 예약을 할 수 있는 길이 쉽지 않기 때문이다.

태평양 해안선을 따라 펼쳐진 골프코스는 홀마다 각기 다른 스릴과 매혹을 간직하고 있다. 특히 태평양을 향해 티샷을 날리는 순간의 짜릿함, 날씨에 따라 시시각각 변하는 거대한 자연에 도전하는 인간의 한계를 실험하는 곳이다. 골프의 전설 잭 니클라우스가 "죽기 전에 단 한 번의 라운드 기회가 주어진다면 주저 없이 페블비치를 선택하겠다."는 말을 실감할 만큼 골프를 좋아하는 사람이면 누구나 한번쯤 라운드를 꿈꾸는 골퍼들의 대 로망이다.

AT&T 프로암대회의 개최지이며 오는 2019년 US오픈 개최를 포함해 무려 4번이나 US오픈을 개최할 만큼 유명한 코스라 세계 각지에서 몰려드는 골퍼들로 일년 내내 예약하기도 힘들다.

페블비치 골프리조트는 페블비치 골프코스(Pebble Beach Golf Links), 스파이글래스 힐스(Spyglass Hill Golf Course), 스패니시 베이(The Links at Spanish Bay), 델몬트 골프코스(Del Mont Golf Course)로 구성되어있다.

Ⓐ 스패니시 베이

처음으로 방문하였던 곳이 스패니시 베이(The Links at Spanish Bay)이다. 샌프란시스코 방문길에 그곳에 거주하고 있는 후배와 연락이 되었고, 예약을 해주어 꿈에 그리던 스패니시 베이에서 라운딩을 할 수 있었다.

스패니시 베이 코스는 유명 골프 코스 설계자인 트렌트 존스 주니어, 탐 왓슨, 샌티 테이텀이 스코틀랜드의 전통 링크스 코스를 본떠 디자인한 코스로 알려졌다.

야생적인 러프, 모래, 선인장 등이 골퍼의 도전을 기다리고 있다.

스패니시 베이 코스는 거의 매 홀이 태평양의 해무를 뚫고 날리는 티샷이 일품이며 각 홀마다 경험하지 않고는 설명할 수 없는 매혹적인 코스로 만들어져 있다. 각 샷마다 바람의 방향과 세기를 감안해야 하는 도전 코스가 많으며 페어웨이 중간중간에 대형 벙커도 도사리고 있기 때문에 드라이브의 정확도가 관건이다.

그린피 : 280~320달러. 트와이라이트는 160달러의 할인가가 적용되는 스패니시 베이는 바닷가에서 링크스 스타일의 묘미를 즐기고 싶은 사람들이라면 최고의 가성비라고 할 수 있다. 시각적으로 아름다운 이곳의 레이아웃은 태평양에서 시작해서 습지와 모래언덕을 지나 숲 속으로 올라갔다가 다시 바다로 내려온다. 파5인 1번 홀의 그린에 오르면 파도와 물보라에 마음을 빼앗기게 되고, 놀라운 절경에 미소가 지어질 것이다.

Ⓑ 페블비치

미국 근무시절부터 알고 지내던 미국인 친구의 노력으로 페블비치 골프코스에 예약이 되어 꿈에 그리던 페블비치에서 골프를 할 수 있었다. 설계는 잭 네빌과 더글러스 그랜트가 하였다고 한다.

페블비치 코스의 1번 홀에서 5번 홀까지는 티샷과 함께 펼쳐지는 전원풍경과 태평양 해안을 따라 항해하는 요트들의 목가적인 풍경이 한눈에 들어온다. 5번 홀부터 10번 홀까지 해안선을 따라 이어지는 짜릿하고 아름다운 홀이 계속된다.

5번 홀까지 아름다운 정경에 넋을 잃었다면 6번 홀부터는 자연과 자신과의 싸움을 준비해야 하는 '운명의 절벽(Cliff of Doom)' 코스를 맞는다. 6번 홀(블루티 506야드, 파5) 티 박스에 서면 그 웅장함에 숨이 막힐 정도인데 바람이 부는 날이면 세컨드샷이 오른쪽 절벽으로 날아가기 쉽다.

태평양 절벽을 따라 펼쳐진 7번 홀(106야드, 파3)은 페블비치 코스의 시그니쳐 홀이다. 바람에 따라 핏칭웨지에서 우드까지 사용해야 하는 홀이다. 7번 홀에서 날씨도 좋고 샷감도 좋아서 On Green되었지만 아쉽게도 버디를 놓치고 파를 기록했다. 날씨가 좋은 날이면 태평양의 그림 같은 풍경에 넋을 빼앗기기 일쑤이고 바람이 부는 날이면 볼이 그린에 떨어질 때까지 긴장을 놓아서는 안 되는 홀이다. 코스 곳곳에 보이는 수려한 사이프러스 나무는 페블비치의 바닷바람과 함께 골퍼들에게 온갖 애환과 사연을 남겨 줬으며, 석양에 비치는 Fair way는 한 폭의 풍경화를 보는 듯하다.

마지막 18번 홀은 해변을 따라 산책하는 기분이 들게 한다. 잭 니클라우스는 비싼 페블비치의 그린피가 과연 그만큼 지불할 가치가 있는지를 다음과 같이 설명했단다. "이렇게 환상적인 부지에 골프코스를 만들 기회는 자주 얻을 수 있는 것이 아니다. 이곳은 위대한 테스트의 공간으로 전략적으로 플레이하는 골퍼에게 머리를 쓰게 만들고, 평정심을 테스트하는 최고의 코스다."

작은 그린은 정확한 아이언샷을 하는 사람에게 가산점을 준다. 페어웨이를 에워싼 무성한 러프는 정확한 드라이버샷을 요구한다. 깊은 벙커는 탈출을 어렵게 만든다. 바다에서 불어오는 바람은 페이드샷, 드로우샷 등 온갖 종류의 샷과 탄도를 활용할 수 있어야 그린에 도달할 수 있다. 페블비치는 더없이 아름다운 코스지만, 골퍼의 골프 실력이 낱낱이 시험당하는 곳이다.

미국 골프장의 장점은 트와이라이트 요금제도이다. 이곳에서도 트와이라이트 요금은 20~30% 저렴하므로, 미국 여행 중에 시간이 나시는 분은 언제라도 좀 더 싼 그린피로 페블비치에서의 골프를 즐길 수 있다.

ⓒ 스파이글래스 힐스

최근에서야 스파이글래스 힐스에서 라운딩할 기회를 가졌다.

설계는 로버트 트렌트 존스 1세(1966)가 하였다고 하며, 그린피는 395~435달러이다. 페블에서는 트와이라이트 요금이라고 부르는 늦은 오후의 특별가를 적용할 경우 265달러만 내고 스파이글래스 힐의 플레이를 즐길 수 있다. 라운드를 끝내지 못할 가능성도 있지만, 가장 기억에 남는 홀들은 앞쪽에 포진해 있다.

거대한 소나무 숲 속에 자리 잡고 있는 스파이글래스 힐 코스는 감성적인 골퍼들이 좋아할 만한 코스다. 언뜻 보기에는 쉬워 보이지만 페어웨이가 비교적 좁고 도그렉 코스가 많아 만만하게 봐서는 실수할 수 있는 홀들이 많다. 코스 중간중간에 사슴들이 돌아다니는 목가적인 풍경을 목격할 수 있다. 일부 코스는 100피트가 넘는 전나무

숲들이 코스를 따라 즐비하게 서 있으며 어떤 홀은 파란 하늘만이 함께하는 적막한 분위기를 느끼게 한다.

유명한 페블비치에 가려져 명성은 그만 못하지만 스파이글래스 힐은 어디에 내놔도 뒤지

지 않을 가치를 지닌 곳이다. 아름다움과 완력이 이보다 더 조화롭게 어우러진 곳은 많지 않다. 도서관처럼 조용한 595야드의 첫 홀에서는 몬트레이 소나무가 도열한 페어웨이의 정점에서 기막힌 바다의 풍경을 감상할 수 있다. 2번에서 5번까지의 홀은 모래언덕 사이를 지그재그로 통과하며 드넓은 태평양을 힐끗힐끗 보여준다. 6번 홀부터 18번 홀까지는 숲이 울창하고 대부분 오르막이기 때문에 걷기가 다소 힘겹다.

ⓓ 델몬트(Del Monte), 피터헤이(Peter Hay)

지금까지의 세 코스 이외에 델몬트 골프코스가 있는데, 필자는 아직까지 라운딩할 기회가 없었다. 찰스모드(1897)가 설계하였고, 그린피는 110~150달러로 이 지역에서 가장 그린피가 저렴한 곳이다. 좀더 저렴하게 플레이를 하려면 늦은 오후에 델몬트에 가서 45달러를 내고 걸어서 플레이를 하는 것이다. 푸시카트 비용 10달러는 별도다.

미시시피 서부에서 가장 오래 영업을 계속해온 코스로 알려진 델몬트는 레이아웃은 작은 부지에 말발굽 모양으로 들어앉아 있으며, 좁은 페어웨이 양쪽으로는 참나무가 빼곡하다. 워터 해저드가 없기 때문에 작은 그린과 가지가 늘어진 나무들, 해풍, 그리고 많은 벙커가 방해요소로 작용한다.

그리고 파3 코스인 피터헤이 골프코스가 있다. 피터헤이, 잭 네빌, 제네럴 로버트 맥클루어(1957)가 설계하였다. 그린피는 10~30달러인데, 30달러만 내면 하루 종일 플레이를 할 수 있다. 13~17세 청소년의 그린피는 10달러다.

곳곳의 언덕과 벙커를 전략적으로 배치한 그린이 특징인 이곳은 쇼트게임 연습 하기에 적격이다. 또한, 일행 중에 어린 자녀나 초보자가 있을 경우 골프의 재미를 알게 해 줄 수 있는 곳이기도 하다.

〈티타임 예약하는 법〉

꼭 페블비치 리조트의 숙소에 숙박을 해야만 페블비치 코스에서 플레이를 할 수 있는 건 아니지만, 그렇게 하는 게 절대적으로 유리하다. 로지 앳 페블비치나 인 앳 스패니시 베이의 투숙객은 최대 18개월 전에 티타임을 예약할 수 있다. 만약 다른 곳에 묵고 있다면 페블비치 골프 예약은 24시간 전에 전화를 걸고 행운을 빌어야 한다. 주중에는 아침 7시, 주말에는 8시부터 전화를 받는다. 현장에 직접 나갔을 때 가장 성공 확률이 높은 건 혼자일 경우지만, 날씨가 나쁜 날에는 2인과 4인도 간혹 티타임을 얻을 수 있다.

다. Masters 참관

많은 아마추어 골퍼들의 생애에 꼭 이루고 싶은 꿈 중의 하나가 Masters 경기를 Augusta National에서 직접 참관하는 것이다. 모든 PGA 프로의 꿈이 4대 메이저에서의 우승이지만, 그중에서도 가장 최고가 명문 August National 컨트리클럽에서 개최되는 마스터스 챔피언십 우승이 아닌가 생각한다.

'구성(球聖)' 보비 존스가 1930년 인디언 농장 45만 평을 사들여 코스 디자이너 앨리스터 매킨지와 함께 조성했다. 1년에 무려 6개월을 휴장하는 철저한 코스 관리로 마치 마스터스를 위해 존재하는 코스 같다. 디봇 하나 없는 카페트 페어웨이를 자랑하는 배경이다.

Augusta National은 '유리판 그린'으로 유명하다. 1M 내리막 퍼팅한 공이 홀 앞에서 멈출 듯하다가 밖으로 굴러 나갈 정도다. 우즈가 1997년 우승 당시 대회 최저타(18언더파 270타)를 수립하자 대대적인 코스 개조에 나섰고, 그린이 점점 빨라지는 동시에 경사가 심해졌다. 2006년 미켈슨의 우승 스코어가 7언더파로 떨어지자 더 이상 손을 대지 않고 있는 상황이다. "오직 신(神)만이 우승자를 점지한다."는 마스터스대회에 기회가 되면 꼭 가보기를 권한다.

필자는 미국 KEDO(Korea Energy Development Organization)

에 근무하던 1997년도에 지인의 초대로 August National에서 열리는 마스터스에 참관할 기회를 가졌었다. 그 당시 세계 골프계를 주름 잡던 프레드 커플스, 커티스 스트레인지, 그레그노만, 세베 바예스트로스, 마크 칼카 베키아, 비제이 싱즈, 샌디 라이어, 스티브 존스, 페인 스튜어트, 닉팔도 버나드 랭거 등 유명 Pro들을 볼 수 있는 기회를 가졌고 이들의 환상적인 Play를 직접 볼 수 있는 기회를 가졌었다.

무엇보다도 아마추어로서 전 미국을 석권하고 프로에 갓 입문한 타이거 우즈를 처음 볼 수 있었고, 파워풀한 장타와 정교한 퍼팅으로 타이거 우즈가 마스터스 우승컵을 거머쥐면서 골프계에 타이거 우즈 시대를 여는 순간을 지켜볼 수 있었다. 본 경기 전에 열리는 Par3 콘테스트에서 3~4개의 홀인원이 기록되는 것을 보며 환호하는 갤러리 중의 한 명으로 Augusta National의 현장에 있었던 기억이 아직도 생생하다.

Fair way가 한국 골프장의 퍼팅그린 수준으로 정교하게 다듬어져 있었고, 그린의 빠르기는 유리알 그린으로 표현되듯이 그 속도에 다들 놀랄 수밖에 없고, 내리막 그린에서 건드리기만 해도 볼이 그린 밖으로 나가는 곳이 바로 Augusta National이다. 1년에 4~5개월을 마스터스 경기를 위해 Close하고 잔디관리를 하고 있으며, 멤버에게 1년에 한 번만 Guest를 초청할 기회를 준다고 할 정도의 명문코스이다. 갤러리에게도 갤러리용 의자를 주어서 편히 관전할 수 있었고 기념으로 의자를 아직도 보관하고 있다.

왜 마스터스는 4개의 메이저 토너먼트 중에 역사가 가장 짧은데도 많은 사람들이 이렇게 열광하는가?

- 마스터스 : 1934년 최초 개최
- US오픈 : 1895년 최초 개최
- The Open : 1860년 최초 개최
- PGA 챔피언십 : 1916년 최초 개최

우선 마스터스는 시즌 최초로 열리는 Major 대회이며, 대회 시기도 4월 둘째 주로 정해 놓고, 대회장소도 Augusta National로 고정해놓고 메이저 대회 중 유일하게 같은 장소에서만 열린다. 그 해의 최초 Major 우승자가 누가 될 것인가에 많은 관심들이 쏠리는 것도 마스터스를 기다리게 하는 한 요인이다.

Augusta National 골프장은 마스터스 대회를 위해 대회 시작 약 반년 전부터 골프장을 Close하고 잔디관리를 하는 것으로 유명한데, 이로 인해 디봇 자국이 거의 없는 상태에서 대회가 개최된다. 대회 첫 라운드 첫 티샷을 하는 선수에게 영광스러운 일이 아닐 수 없다.

마스터스의 대회 운영에 있어서 또 하나의 특징은, 스폰서가 전혀 없다는 것이다. 관중 수입과 방송 중계료 등 순수 대회 수익금만

으로 상금을 충당하고 또 대회를 운영하는 것이다. 대회가 시작하기 전까지는 대회의 상금을 정할 수가 없는 것이 특징인데, 대회 소개 때 보이는 대회 상금은 전년도 기준으로 표시가 되는 것이다.

마스터스의 또 하나의 빼놓을 수 없는 이벤트는, 1952년에 당시 디펜딩 챔피언인 벤 호건 때부터 시작된 "마스터스 클럽"이라고 알려진 챔피언스 디너파티이다. 마스터스가 시작되는 주의 화요일 저녁에 개최되는 이 행사는 역대 우승자만이 참가하는 디너파티로, 매년 이 파티의 저녁 메뉴를 디펜딩 챔피언이 정하게 되어있다.

마스터스의 출전선수는 메이저 대회 중 가장 숫자가 적은데, 보통 90~95명 안팎에서 참가 선수가 정해진다. 마스터스는 기본적으로 인비테이션 대회인데, 초청되는 선수의 자격[주10]과 숫자는 오직 Augusta National 골프장에서만 관리되는 것도 특징이다.

마스터스 대회장인 Augusta National 골프장은 1931년 마스터

주10) 〈주요 초청 대상자〉
    1. 역대 마스터스 우승자
    2. 지난 5년간 다른 메이저 대회 우승자
    3. 지난 3년간의 The Player Championship 우승자
    4. 4개 아마추어 우승자(US 아마추어, 브리티시 아마추어, US 아마추어 퍼블릭 링크스, US 미드 아마추어 챔피언)
    5. 전년도 마스터스 16강, 전년도 US오픈 8강, 전년도 브리티시 오픈(현 The Open)과 전년도 PGA챔피언십 4강
    6. 지난 마스터스와 올해 마스터스 사이의 미 PGA투어 우승자 등

스 대회의 창시자인 Bobby Jones에 의해 제안되었는데, 당시 골프 코스 설계자인 Alister Mackenzie가 설계하여 1933년 완공을 한 골프장이다.

아멘코너(Amen Corner)

마스터스가 열리는 미국 조지아주 Augusta National 골프장의 상징은 11~13번 홀의 '아멘코너(Amen Corner)'다. 선수들이 이 홀을 지날 때마다 절로 '아멘'이란 소리가 나온다고 해서 붙은 별칭이다.[주11] 12번 홀의 개울 '래의 크릭(Rae's creek)'과 그린 앞에 있는 다리 '호건 브리지(the Hogan Bridges)', 13번 홀(파5)의 '넬슨 브리

주11) 12번 홀은 특히 '인디언의 저주'로 악명을 떨치고 있다. 전장은 155야드에 불과한 파3 홀이다. 조던 스피스에게는 '악몽'이 떠오르는 곳이다. 2016년 조던 스피스(미국)가 '쿼드러플 보기 참사'를 범했던 곳이다. 최종일 공이 두 차례나 물에 빠지면서 4타를 까먹어 다 잡았던 우승컵을 날렸다.
2017년 최종 4라운드 역시 티샷한 공이 그린 경사면에 떨어진 뒤 크릭으로 흘러 우승진군에 제동이 걸리는 등 2년 연속 눈물을 흘렸다. 현지에서는 "1931년 아메리칸 인디언의 무덤이 발견된 홀"이라며 "이상한 일이 자주 일어난다"는 미신까지 흘러나오는 홀이다.
스피스만 그런 게 아니다. 로리 매킬로이(북아일랜드)는 2011년 4타 차 선두로 출발한 마지막 날 '4퍼트' 더블보기로 자멸했고, 1996년 그렉 노먼(호주, 더블보기), 2007년 스튜어트 애플비(호주, 더블보기) 등도 불운을 맞았던 홀이다.
1980년 톰 웨이스코프(미국)가 최악의 스코어를 냈다. 첫날 5개의 공이 물에 들어가면서 무려 13타를 기록하면서 마스터스 역대 최악의 스코어를 기록했다. 마스터스 준우승만 네 차례 차지하는 아픔으로 남았다.

지(the Nelson Bridges)' 등이 대표적인 명소다.

아멘코너는 1958년도 아놀드 파머가 우승할 당시 12번 홀에서 무벌타 구제를 받고, 13번 홀에서 이글을 기록한 것을 허버트 워런 스포츠일러스트레이티드(SI) 기자가 재즈 밴드 연주곡 '샤우팅 앳 아멘코너'에서 힌트를 얻어 표현한 기사 제목에서 유래했다고 알려졌다.

11번 홀(파4)은 페어웨이 왼쪽의 호수를 피하는 티샷의 정교함이, 12번 홀은 그린 앞 개울과 뒤쪽 벙커 사이 좁은 공간에 공을 떨어뜨리는 정확한 아이언샷이 필수적이다. 마지막 13번 홀(파5)은 '2온'이 가능해 버디나 이글을 잡아야 우승에 가까이 갈 수 있는 홀이다.

〈Augusta National Golf Club의 주요 회원〉
- Warren Buffett, Berkshire Hathaway의 CEO
- Chee Coors, Coors Brewing Company 전 회장 겸 CEO, Molson Coors Brewing Company(현 Miller Coors) 회장
- Bill Gates, Microsoft의 공동 창립자이자 회장
- Roger Goodell, 내셔널 풋볼 리그의 감독관
- Pat Haden, 전 NFL 선수 및 남캘리포니아 대학의 전 운동 감독
- Lou Holtz, 전 대학 축구 코치

- 휴 L. McColl 주니어, 뱅크 오브 아메리카의 전 CEO

- Darla Moore, 사우스캐롤라이나 사업가

- 샘 넌(Sam Nunn), 전 미국 상원의원 조지아 출신

- Sam Palmisano, IBM의 전 CEO

- T. Boone Pickens, Jr. 석유재벌

- 콘돌리자 라이스 전 미국 국무장관

- Ginni Rometty, IBM회장, 사장 겸 CEO

- 헨리 웨이트(HUFF Productions의 전 회장)

- Simon Chirayath, 영국 사업가

- James D. Robinson Ⅲ, American Express의 전 CEO

- Lynn Swann, 이전 NFL선수 및 현재 캘리포니아 남부 대학의 운동 감독

- Jack Welch, General Electric의 전 CEO

- Matt Rose, BNSF 철도의 전 CEO

잭 니클라우스, 명예의 전당 골퍼, 여섯 차례 마스터스 챔피언, 그리고 현재 클럽의 정규 멤버인 유일한 마스터스 챔피언

〈사망한 회원〉

- Arnold Palmer, 명예의 전당 골퍼 및 네 차례 마스터스 챔피

언, 2016년 9월 사망 당시 정규 멤버였음

- Melvin Laird, 전 미국 국방장관(2016년 11월 사망)
- Robert Sumner 전 목사(2016년 12월 사망)
- Frank Broyles, Arkansas 대학의 전 운동 감독(2017년 8월 사망)

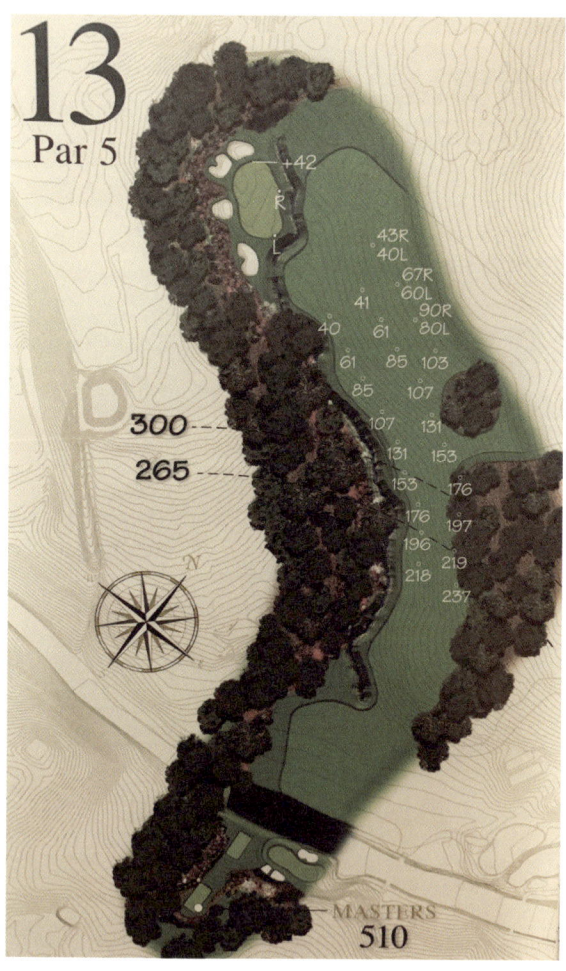

라. 프랑스 오픈이 개최되는 골프내셔널의 알바트로스 코스 (Le Golf National, ALBATROS course)

2018년 Ryder Cup이 열린 프랑스 Le Golf National 골프장의 Albatros course를 빼놓을 수 없다. 필자가 파리 근무 시 자주 찾았던 곳이다.

1990년 개장되었고 파72의 7,300야드로 그린피는 200유로이다.

링크스 스타일의 벙커가 많고 페어웨이의 굴곡이 심하고 깊은 러프와 많은 워터 해저드가 극도의 정교한 플레이를 요구하는 난이도가 높고 까다로운 골프장이다.

1991년부터 프랑스 오픈이 열리고 있으며 마지막 라운드에서 펼쳐지는 워터 해저드로 둘러 쌓여 있는 마지막 15, 16, 18번 홀에서의 승부는 누구도 우승자를 예측할 수 없게 한다.

핀 위치를 어렵게 하면 우리 같은 아마추어는 도저히 정복이 불가능한 워터 해저드가 유명하고 수많은 프로들이 선두를 달리다가 무릎까지 빠지는 깊은 러프와 워터 해저드를 극복하지 못하고 우승에서 탈락하는 일이 자주 발생하는 난해한 코스이다.

링크스 코스 특유의 거칠음과 야생성을 느낄 수 있어서 좋았고 한국에서는 좀처럼 경험할 수 없는 깊은 벙커의 위력을 실감할 수 있었고 깊은 러프에서 공도 찾기도 어렵고 설사 공을 찾아도 나오기가 힘들었던 기억이 난다.

마. 턴베리 아일사 코스(Turnberry Ailsa Course)

턴베리 아일사(Turnberry Ailsa)코스는 '스코틀랜드의 페블비치'로 불리고 있는 최고의 아름다운 링크스 코스다. 그린피는 250파운드, 오후 3시 이후는 99파운드이다. 파 70에 7,200야드이다. 20세기 초 개장했지만 이어진 1, 2차 세계대전 중 영국 공군의 활주로로 개조되어 활용되다가 1950년대 들어 로스 맥켄지(Ross McKenzie)의 설계로 현재의 모습으로 재건되었다고 한다.

1977년 이후 네 차례의 브리티시오픈과 2015년 브리티시여자오픈을 개최하면서 세계적 명성을 얻은 턴베리 코스를 세인트앤드류스 올드 코스를 방문하면서 이어서 방문을 하였다.

바다 한가운데 기이한 모습으로 솟아있는 아일사 크레이그(Ailsa Craig) 섬의 전경은 턴베리의 상징이 되고 있으며 유서 깊은 성곽의 잔해에 들어선 하얀 등대는 지금도 기억에 생생하게 남아있다.

특히 18번 461야드 파 4홀 77년 브리티시오픈에서 팽팽한 동타 승부를 벌이던 톰 왓슨이 잭 니클라우스를 한 타 차이로 거둔 극적인 승리를 뜻하는 '태양 아래 혈투 (Duel in the Sun)'라는 이름으로 명명되었고, 톰 왓슨은 32년 뒤인 2009년 이곳에서 다시 열린 브리티시오픈에서 59세의 나이로 가장 나이 많은 메이저 대회 우승자가 될 뻔했으나, 연장전에서 스튜어트 싱크에서 패함으로써 수많은 골프 팬에게 아쉬움을 남기기도 했다.

미국 대통령 도널드 트럼프가 이 골프장을 2014년 4월에 사

경기를 앞두고 연습하고 있는 올라자발

들였으며, 골프장 이름은 그 해 6월 트럼프 턴베리(Trump Turnberry)로 바꾸었다. R&A는 2015년 이 골프장의 소유주이자 미국 대통령 후보인 도널드 트럼프라는 이름이 골프에 도움이 되지 않는다고 판단해 스코틀랜드의 턴베리 골프장에서 브리티시오픈을 열지 않기로 했다. 브리티시오픈은 잉글랜드와 스코틀랜드의 9개 링크스 코스에서 돌아가며 열리는데 턴베리도 순회 개최지 중 하나였다.

KNOWHOW 09

페덱스컵 챔피언쉽

KNOWHOW 09

페덱스컵 챔피언쉽

가. 페덱스컵(FedEX Cup)

미국 운송회사인 페덱스(Fedex)가 후원하는 플레이오프 대회로 PGA투어 4개 플레이오프 대회인 '더 바클레이스 · 도이치방크 챔피언십 · BMW 챔피언십 · 투어 챔피언십'에서 가장 많은 포인트를 얻은 챔피언에게 주는 트로피가 페덱스컵이다. 각 경기마다 총 900만 달러의 상금이 주어지며, 최종 우승자에게는 상금 외에 부상으로 보너스 1,000만 달러가 주어진다. 1차전인 바클레이스 대회를 시작으로 하여 4개 대회를 치르면서 대회 때마다 성적에 따라 선수를 탈락시키는 서바이벌 방식으로, 최종전인 투어 챔피언십에는 상위에 랭크된 30명만이 출전할 수 있다.

나. 도입 배경

2007년 창설되었으며, PGA투어의 시즌 마지막 메이저 대회인 PGA챔피언십(8월)이 끝난 뒤에도 시즌 마지막까지 흥행하기 위하여 시작되었다. 선수에게도 충분한 보상이 주어지고 팬들에게도 흥미를 끌 수 있는 요소가 잔뜩 들어가 있다. 대회 수는 네 개로 하고 경기마다 상금도 메이저 대회 수준으로 정해져 있고, 당초에 스폰서였던 더 바클레이스와 도이치뱅크가 빠지고 노던트러스트와 델 테크놀로지로 바뀌어 운영되고 있다. 노던트러스트(8월 23일~26일)을 시작으로 델 테크놀로지 챔피언십(8월 31일~9월 3일), BMW 챔피언십(9월 6일~9일), 투어 챔피언십(9월 20일~23일)까지 이어진다.

다. 지금까지의 대회 운영 방식

페덱스컵 플레이오프는 PGA투어 멤버를 대상으로 대회 성적에 따라 선수들에게 페덱스컵 포인트를 부여하고 이를 합산해 상위 125명만이 플레이오프에 출전할 수 있다. 첫 대회인 노던 트러스트가 끝나면 상위 100명이 2차전인 델 테크놀로지 챔피언십에 진출하고 이어 3차전인 BMW 챔피언십(상위 70명)과 최종전 투어 챔피언십(상위 30명)으로 이어진다. 이런 서바이벌 방식 때문에 전 세계 골프팬들이 흥분하며 당해 연도 최종 우승자의 탄생을 지켜보게 된다.

참가자 중 꼴찌도 플레이오프 우승 한 번으로 페덱스컵 우승을 노릴 수도 있다. 플레이오프 우승자에게 페덱스컵 포인트를 2000점을 부여하기 때문에 한 번만 우승하면 하위권에서도 곧바로 상위권에 오를 수 있다. 2009년 페덱스컵 랭킹 124위로 플레이오프 막차를 탄 히스 슬로컴이 1차전 우승을 차지해 페덱스컵 순위 3위까지 오르며 우승 경쟁에 합류하기도 하였다.

3차전인 BMW 챔피언십이 끝나면 선수들의 페덱스컵 포인트를 재조정하기 때문에 마지막 대회가 끝나기 전까지는 누가 최종 우승자가 될지 예상하기 어렵다. 이는 3차전이 끝난 상황에 이미 플레이오프 우승자가 정해져 마지막 대회가 맥 빠진 채 진행되는 것을 방지하기 위한 제도다.

4개의 플레이오프 대회마다 각 총 900만 달러의 상금이 걸려 있고 우승자에게는 162만 달러씩 우승 상금이 주어진다. 4개 대회에서 모두 우승할 경우 산술적으로 한 사람이 최대 1,648만 불까지 차지할 수 있다. 최종 페덱스컵 우승자에게는 1,000만 달러의 보너스와 오드리 햅번 주연의 영화 〈티파니에서 아침을〉으로 유명한 세계적인 보석회사인 티파니사(Tiffany & Co.)가 직접 디자인하고 순은으로 제작한 페덱스컵 우승 트로피도 수여된다.

2위도 300만 달러, 3위가 200만 달러, 4위 150만 달러, 5위도 100만 달러를 받으니 5위만 해도 메이져급 대회 우승 상금을 받을 수 있는 것이다. 1위와 2위의 차이가 700만 달러이니 모든 선수가 목숨 걸고 참가하게 되는 것이다. 한국의 최경주 프로가 2007년 대회에서 종합 5위를 해서 상금 100만 달러를 받은 바 있다.

PGA투어 페덱스컵 플레이오프 역대 챔피언과 페덱스컵 순위

연도	챔피언	정규시즌 후	1차전 후	2차전	3차	최종
2007	타이거 우즈	1	4	3	1	1
2008	비제이 싱	7	1	1	1	1
2009	타이거 우즈	1	1	2	1	1
2010	짐 퓨릭	3	8	11	11	1
2011	빌하스	15	18	24	25	1
2012	브랜트 스네디커	19	2	4	5	1
2013	헨릭 스텐손	8	13	1	2	1
2014	빌리 호셜	69	82	20	2	1
2015	조던 스피스	1	2	2	2	1
2016	로리 매킬로이	36	38	4	6	1
2017	조스틴 토마스	2	3	2	2	1

플레이오프는 정규시즌 포인트 상위권자가 상대적으로 유리하다. 하지만 매 대회마다 성적에 따라 순위가 바뀔 뿐 아니라 선수 간 격차가 줄기 때문에 하위권의 선수도 상황에 따라 얼마든지 우승을 노릴 수 있다. 실제로 지난 2011년, 2012년, 2014년 그리고 2016년 페덱스컵 챔피언이었던 빌 하스, 브랜트 스네디커, 빌리 호셜위는 각각 19위, 69위, 36위에 불과했다. 하지만 플레이오프에서 선전하며 결국 페덱스컵 챔피언에 올랐다.

야구처럼 플레이오프제를 도입한 골프에서도 마지막 장갑을 벗을 때까지 결코 끝날 때까지 끝난 게 아니다(It ain't over till it's over). 일단 매 대회 때마다 커트라인을 무사히 통과해 30명이 겨루는 최종전인 투어 챔피언십까지 진출하는 것이 관건이다.

구분	대회명	출전자	일정	총상금	대회장소
1차전	더 노던 트러스트	125명	8.23 - 26	900만 달러	뉴저지주 리지우드CC
2차전	델 테크놀러지 챔피언십	100명	8.31 - 9.3	900만 달러	매사추세츠주 TPC보스톤
3차전	BMW 챔피언십	75명	9.6 - 9	900만 달러	펜실베니아주 애로너민크 GC
최종전	투어 챔피언십	30명	9.20 - 23	900만 달러	조지아주 이스트레이크 GC

라. 2018 페덱스컵 플레이오프

2018년도 페덱스컵 플레이오프는 총 44개 대회가 치러진 정규시즌 동안 매 대회마다 획득한 페덱스 포인트 순위 상위 125명의 골퍼가 참여하였다. 1차전인 노던 트러스트를 시작으로 최종전인 9월 20일 투어 챔피언십까지 모두 4개 대회가 치러졌다.

2018년도 대회의 하이라이트는 5년 만에 귀환한 골프황제 타이거 우즈의 우승여부였다. 오랜만에 부상과 슬럼프에서 회복한 타이거 우즈는 마지막 투어 챔피언쉽에서 우승을 하면서 실력의 건재함을 과시할 수 있었다.

이로써 우즈는 2013년 월드챔피언쉽(WGC) 브리지스톤 인비테이셔널 우승 이후 5년 1개월만에 우승하면서 PGA 통산 80승을 달성하였고, 투어챔피언쉽 우승 상금 162만 불 이외에, 페덱스컵 2위에 오르며 상금 300만 달러를 별도로 받았다.

2018년도 페덱스컵 우승자는 영국의 저스틴 로즈(Justin Rose)가 차지하면서 우승보너스 1천만 불의 주인공이 되었다. 로즈는 2016년 하계 올림픽에서 112년 만에 채택된 골프종목에서 금메달을 획득했었다.

마. 향후(2018~2019시즌) 대회 운영방식

2019년부터는 페덱스컵 플레이오프가 4개에서 3개로 줄며, 페덱스컵 우승 보너스 상금이 1,000만 달러에서 1,500만 달러로 늘어나도록 변경되었다.

따라서 2018~2019시즌부터는 페덱스컵 플레이오프는 정규 대회 페덱스컵 상위 125명이 출전하는 노던 트러스트, 70명이 나가는 BMW 챔피언십, 마지막으로 30명만 출전하는 투어 챔피언십까지 3개 대회로 치러진다.

투어 챔피언십에서 우승하지 못하더라도 페덱스컵 포인트 결과에 따라 우승자가 나오는 일은 없도록 하기 위하여 다음 시즌부터는 BMW 챔피언십까지 페덱스컵 순위에 따라 투어 챔피언십 시작 전 페덱스컵 상위 선수에게 일정 언더파를 미리 부여하기로 하였다. BMW 챔피언십까지 페덱스컵 순위 1위 선수는 10언더파를 안고 투어 챔피언십을 시작하고, 2위는 8언더파, 3위는 7언더파 순위 성적을 안고 대회를 시작하는 방식이다.

이에 따라 2018~2019시즌부터는 미리 받은 점수를 포함해 투어 챔피언십에서 우승한 선수가 페덱스컵 플레이오프 보너스 상금 1,500만 달러까지 받게 운영방식이 바뀌게 되었다.

KNOWHOW 10

PGA 4대 메이저 대회와 LPGA의 5대 메이저 대회

KNOWHOW 10

PGA 4대 메이저 대회와 LPGA의 5대 메이저 대회

가. PGA의 4대 메이저 대회

PGA(미국 프로골프협회)의 4대 메이저 대회는 마스터스, US오픈, 브리티시오픈, PGA챔피언십으로 대회 역사가 오래돼 권위를 인정받고 있으면 상금액도 보통 대회 3배 정도이다. 이 메이저 대회를 모두 석권하면 '그랜드슬램'이라 한다. 골프에서는 아직 한 해에 메이저대회를 모두 석권한 그랜드슬래머는 없지만 여러 해에 걸쳐 메이저대회를 모두 석권한 '커리어그랜드슬램'은 여럿 있다.

• 마스터스(Masters)

1930년 한 시즌에 US오픈, US아마추어, 영국오픈 및 영국아마추어타이틀을 제패한 미국의 보비 존스가 창설한 경기이다. 장소가 매년 바뀌는 다른 메이저와는 달리 미국 조지아주의 오거스타내셔널GC 한군데에서 매년 열린다. 매년 4월 둘째 주 개최되어 4대 경기 가운데 맨 처음 열린다.

• US 오픈(US Open)

1895년에 창설되었고, 72홀 스트로크 플레이로 매년 6월에 열린다. 이 대회의 특성은 가장 어려운 코스에서 열린다는 점이다. 페어웨이의 너비나 벙커의 수, 그린의 길이 등에 관하여 까다로운 조건이 붙어 있어, 되도록 어려운 플레이로써 진정한 챔피언을 골라내려는 데 목적을 두고 있다.

• PGA챔피언십

1916년에 시작되어 메이저대회 중 가장 늦은 57년에 스트로크 플레이로 변경되었다. US오픈이 전통 있는 코스를 중점적으로 찾아다니며 열리는 데 반하여, PGA챔피언십은 되도록 각 지방의 신(新) 코스를 물색하여 매년 7월에 열린다.

• 디오픈(The Open)(The Open; British Open)

세계에서 역사가 가장 오래된 전통 있는 경기로서 1860년에 창설되었다. 영국인들은 세상에서 단 하나뿐인 오픈 대회라는 자존심의 표현으로 흔히 '디오픈(The Open)'이라고 부르는 대회이다.

예선면제 조건에 든 정상급 선수들과 지역별 예선을 거친 선수들이 출전하며 존 댈리가 우승한 1995년 대회부터 미국 PGA투어의 공식대회로 인정되었다.

처음에는 스코틀랜드의 프래스트위크 골프클럽에서만 열리다가 매년 장소를 옮겨가며 열렸다. 그러나 바닷가 코스, 즉 링크스를 대회장으로 쓰는 전통은 지금까지 변하지 않고 있다.

나. LPGA 5대 메이저 대회

LPGA(미국여자프로골프협회)의 5대 메이저 대회로는 US 여자오픈, KPMG 위민스 PGA 챔피언십(구 LPGA 챔피언십), ANA 인스피레이션 (구 크래프트 나비스코 챔피언십), 리코 브리티시여자오픈, 에비앙 챔피언십 등이 있다.

- US여자오픈(US Women's Open)

1946년 창설된 여자 5대 메이저 대회 중 가장 전통 있고 상금이 많은 대회이다. 1946년 LPGA의 전신인 WPGA(여자프로골프협회)가 창설하였으며 1950년부터 LPGA(미국여자프로골프협회)가 운영하다가 1953년부터는 USGA(미국골프협회)가 주최하고 있다.

US 여자오픈은 지역 예선을 통과한 150명의 선수에게만 출전권이 주어져 우승하기 어려운 대회로도 명성이 자자하다. 7월경 개최되는 이 대회의 우승자에게는 금메달을 수여하고 챔피언 트로피를 1년간 보관하게 하며, 10년간 이 대회 출전권을 받을 수 있다.

특히 US 여자오픈은 1998년 박세리 선수가 20홀 연장이라는 기록적인 승부를 통해 우승하면서 물속 맨발 투혼이란 명장면을 연출한 바 있다.

• KPMG 위민스 PGA 챔피언십(구 LPGA 챔피언십)

1955년부터 열린 대회로 일본의 자동차 회사인 마쯔다에 이어 세계적인 패스트푸드 체인 맥도널드가 1994년부터 메인스 폰서를 맡아 '맥도널드 LPGA 챔피언십'이라는 대회명으로 널리 알려졌다. 맥도널드와 계약 만료 후 새 메인 스폰서를 찾지 못한 LPGA는 푸드 마켓 체인인 웨그먼스의 후원으로 웨그먼스 LPGA 챔피언십이라고도 불렸다가, 2015년부터 KPMG 위민스 PGA 챔피언십으로 다시 변경되었다.

매년 6월에 개최되는 대회로 우리나라의 박세리가 1998년, 2002년, 2006년 3연패를 기록했으며 박인비가 2013, 2014, 2015년 3연패를 기록해 한국 팬들에게도 익숙하다.

• ANA 인스피레이션(구 크래프트 나비스코 챔피언십)

1972년에 창설되었으며 1983년부터 메이저대회로 격상했다. LPGA 투어 5개 메이저대회 가운데 맨 처음(3월) 열려 '여자 마스터스대회'로 불리며 미국 캘리포니아 주 미션힐스(Mission Hills) 컨트리클럽(CC)에서 열린다. 이 대회의 처음 10년간 스폰서는 콜게이트 사였고 1982년부터 나비스코에서 후원을 해오다, 후원사가 바뀜에 따라 2015년부터 ANA 인스피레이션으로 대회명이 변경되었다.

특히 이 대회는 우승자가 마지막 날 18번 홀을 끝낸 뒤 그린 옆의 '호수의 숙녀들(The Ladies of The Lake)'이란 연못에 몸을 던지는 관행으로도 유명하다. 이 독특한 전통은 1988년 명예의 전당 멤버인 에이미 엘코트가 두 번째 우승(통산 3회)을 확정한 뒤 연못에 몸을 던지며 자축한 것을 계기로 시작됐다.

• RICOH 브리티시 여자오픈(Ricoh Womens British Open)

1976년에 유러피언레이디스투어(Ladies European Tour :

LET)로 처음 시작했으며, 1994년부터 미국 LPGA와 공동 개최 대회로 성장한 뒤 2001년부터 메이저 대회로 격상됐다. 2000년까지는 브리티시 오픈 대신 뒤모리에 클래식이 4대 메이저대회에 속했으나 캐나다 굴지의 담배회사 뒤모리에가 '담배회사는 스포츠대회의 스폰서를 맡을 수 없다.'는 자국의 반(反)담배법 때문에 뒤모리에클래식을 개최할 수 없게 되었다. 이에 미 LPGA는 뒤모리에 클래식 대신 브리티시 오픈을 네 번째 메이저대회로 결정하였다. 이후 2007년 일본의 리코(Ricoh)사가 타이틀 스폰서를 맡으면서 리코브리티시 여자오픈이 됐다.

• 에비앙 챔피언십(Evian Championship)

에비앙 챔피언쉽(The Evian Championship)은 프랑스의 에비앙 리조트 골프 클럽에서 매년 9월에 열리는 여자 메이저 골프 대회이다.

1994년에 에비앙 마스터스로 유럽 여자 투어(Ladies European Tour, LET)의 대회로 시작되었다. 유럽 여자 투어(LET)의 2개의 메이저 대회 중 하나이며, 원래 미국 LPGA의 메이저 대회는 아니었다. 2000년에 LPGA와 공동 개최하게 되어 대회 상금이 크게 늘어났다. 현재 상금 규모는 385만 불로 늘어났다. 처음에는 6월 중순에 개최되었으나 2003년부터 2012년까지는 7월 하순에 진행되었고 2013년부터 9월 중순으로 변경되어 유럽과 LPGA 양쪽 투어의 마지막 메이저 대회가 되었다.

2013년 7월 9개월의 대대적인 개조공사를 거쳐서 새로운 코스로 단장을 하면서 에비앙 마스터스가 에비앙 챔피언쉽으로 변경되었고, LPGA 투어의 5번째 메이저 대회가 되었다. 우승자가 자국의 국기를 하늘에서 낙하산을 타고 내려오면서 전달하는 세레머니가 유명하다.

KNOWHOW 11

골프
심리학

KNOWHOW 11

골프 심리학

가. 멘탈게임

흔히 골프를 멘탈게임(Mental Game) 이라고들 한다. 3라운드까지 많은 타수를 앞서가던 우승경험이 없는 프로가 마지막 라운드에서 무너지는 것을 우리는 수없이 보아왔다. 그만큼 골프경기에서 정신력, 마음의 안정이 중요한 것이다.

또한, 1M도 안 되는 짧은 거리의 퍼팅을 놓쳐서 우승을 놓친 김인경 LPGA Pro는 그 후 퍼팅난조의 슬럼프를 벗어나는데 수년을 허비하고서야 다시 우승을 할 수 있었다.

그러나 구체적으로 어떻게 마음을 조정해서 최상의 컨디션을 유지해야 하는지를 알기는 쉽지 않다. 골퍼들이 아주 쉬운 샷을 잘못 치거나 엉뚱한 실수를 했을 때, 그 원인을 기술이나 체력 때문이라고 생각한다. 그러나 사실은 자신이 가지고 있는 능력을 최정상의 상태로 유지하고 발휘할 수 있도록 마음을 조정할 수 있는가가 더 중요할 수 있다.

골프경기에서 두뇌 활동이 차지하는 역할과 구체적으로 두뇌가 어떤 경우에 어떻게 작용하는지에 대하여 알아보고, 마인드 콘트롤의 방법에 대해 살펴보고자 한다.

① 골프와 양쪽 두뇌의 역할

인간의 뇌는 좌뇌와 우뇌로 구성되어 있다고 한다. 일반적으로 좌뇌가 우리 몸의 오른쪽 부분을 조정하고, 반대로 우뇌는 왼쪽 부분을 조정한다고 한다. 좌뇌는 합리적이고 비판적이며, 단계적인 사고(생각) 등을 담당한다고 한다. 우리가 말로 나타내고, 계통을 밟아 체계적으로 생각하고, 계산하고, 어떤 문제를 논리적으로 해석하는 일 등을 도와준다. 즉, 말하고, 읽고, 쓰고, 정돈하는 일 등을 주로 좌뇌가 담당한다.

한편, 우뇌는 창조적이고 예술적인 노력과 기구를 조작하는 능력과 정서와 느낌 등을 주로 조정하는 역할을 담당한다고 한다. 어떤 물체를 신속하게 관찰하고 식별하는 예리한 통찰력과 식별 능력, 그리고 어떤 영상을 창조하는 일 등이 여기에 속한다.

그러면 좌뇌는 골프 경기에서는 어떠한 역할을 할까? 좌뇌는 코스의 상태를 확인한다거나 날씨 등을 고려하여 각 홀마다 전략을 세우는 일 등에 직접 관여하여 공의 라이(Lie)를 확인하고, 어떤 클럽을 사용해야 할 것인지 등을 결정한다. 예를 들면, 만일 파 5의 롱코스에서 3번 우드(Wood)로 쳐야만 그린에 올라갈 수 있는 지점에 처해 있을 때, 우선 풀을 뜯어 공중에 던져 봄으로써 바람이 어느 방향으로 불고 있는지를 알아본다. 공교롭게도 바람은 뒷바람이었고, 그린(Green)은 매우 좁으면서도 왼쪽에서 오른쪽으로 상당히 경사져 있으며, 평탄한 편이지만 딱딱한 상태인데다가, 그린 뒤에는 모래 벙커(Bunker)가 있다. 그런데 모래가 매우 곱기 때문에 좀처럼 벙커 탈출이 쉽지 않아 보인다. 게다가 벙커 바로 옆에는 매우 깊은 러프(Rough)가 자리를 잡고 있으며, 페어웨이(Fairway)를 가로질러 강이 흐르고 있어 너무 짧게 치면 공이 강물 속에 빠져버리고 말게 된다.

따라서 위험한 3번 우드를 사용하지 않고 5번이나 6번 아이언(Iron)을 선택하게 된다. 비록 거리에서는 약간 손해를 보지만, 다음 샷을 웨지(Wedge)로 안전하게 공략할 수 있는 거리에는 공을 보낼 수 있기 때문이다.

골프 라운드를 하는 데 좌뇌의 역할은 그 외에도 수없이 많다.

즉, 각 샷을 할 때마다 구체적으로 행하게 되는 모든 생각과 궁리들이 모두 좌뇌가 하는 일이다.

한편, 우뇌는 벙커를 넘겨야만 하는 다운힐(Down hill) 피치샷(Pitch shot)을 해야만 하는 위치에 처해 있다고 한다면, 우뇌는 그린 앞 3피트 지점에 공을 떨어트려서 두 번 짧은 바운드(Bound)를 한 다음, 천천히 홀 속으로 굴러 들어가는 것을 상상할 수 있도록 도와주게 된다.

이와 같이 좌뇌와 우뇌가 유기적으로 무의식적으로 연결될 때 골프를 보다 정확하고 부드럽게 칠 수 있게 된다.

② 라운드의 내용과 심리 상태 기록 요령

대부분의 스포츠 경기에서 게임 중에 일어나는 상황을 기록하고 분석하는 방법과 요령이 있다. 골프는 상대방의 기술과 실력에 상관없이 오로지 자신이 가지고 있는 능력만을 최대한으로 발휘하기만 하면 되기 때문에 스코어만을 기록하면 된다고 생각될 수도 있지만, 구체적으로 제1홀의 첫 드라이버가 어떠했는지, 또 퍼터는 짧았는지 길었는지, 그리고 모든 샷을 할 때에 심리 상태가 어떠했는지 등에 대하여 기록해 두면 다음 Play 할 때 많은 도움이 된다.

Play 할 때마다 이러한 상황들을 구체적으로 기록, 분석해 보게 되면 자기 자신의 장단점과 심리적인 문제점들을 한 번에 알 수 있어 같은 시행착오를 반복하지 않을 수 있게 된다.

우선, 스코어 카드에 스코어 이외에 심리적인 상태와 자신이 플레이한 모든 샷 내용을 가능하면 상세히 표시해 놓는다.

필자의 지인 한 분은 골프 라운딩이 끝날 때마다 자기 스코어는 물론 동반 플레이어의 스코어, 성격, 스윙의 장단점, 심지어는 돈내기에서 얼마나 잃고 따는지도 기록해 두는 친구가 있다. 이렇게 기록해놓은 상태를 분석해가면서, 자신의 약점이 어디 있는지, 스윙의 문제인지 아니면 정신적인 문제인지, 아니면 체력의 문제인지 자가진단이 가능하고, 진단되면 개선방법을 쉽게 찾을 수 있게 된다.

또, 스윙을 하면서 자신이 느낀 어떤 정보가 아주 유익한 것이라고 느꼈을 때에는 주저하지 말고 이들을 메모해 두는 습관을 지니도록 해야 한다.

평상시에도 다음의 상황을 머릿속에 그리면서 입력시켜 놓으면 좋은 스윙을 만드는데 많은 기여가 된다.

골프에 주로 활용되는 세 가지 마음의 눈을 알아보면 다음과 같다.
Ⓐ 공이 날아가는 이상적인 방향과 높이, 모양 등을 마음속에 그려 본다.

Ⓑ 자신의 스윙을 마음속에 상상해 본다.
Ⓒ 골프를 잘하는 다른 사람의 중요한 동작과 모습을 흉내 낸다.

③ 성격과 습관

골프 경기에 영향을 끼치는 심리적인 요인 중에 퍼스낼리티 (Personality)가 있다. 즉, 어떠한 인성 또는 성격을 소유하고 있으며, 자기 자신에 대하여 신뢰하는 태도를 취하고 있는지, 아니면 자학적인 자세인지, 사물을 보는 일반적인 견해가 긍정적인지 부정적인지에 따라 골프 실력이 발전할 수 있느냐, 그렇지 못하느냐도 결정된다.

그린 에지(Green edge)에서 피칭을 하려고 할 때, 우선 우리의 좌뇌는 그린의 경사와 공이 놓여 있는 라이를 정확히 파악하게 되고, 우뇌는 몇 번의 연습(Rehersal) 스윙을 해 봄으로써 정확한 거리를 느끼게 된다. 이때, 퍼스낼리티가 작용하게 된다.

자신이 있는 사람은 항상 직접 홀에 집어 넣을 수 있다는 긍정적인 생각을 하는 반면에, 그렇지 못한 사람은 으레 핀 옆이나 그린 위에 일단 올려놓기만 하면 되는 것으로 생각하며, 소심한 사람은 매우 안전하게 퍼터로 때는 경우도 많다. 이와 같이, 퍼스낼리티는 왼쪽 뇌와 오른쪽 뇌가 보다 정확한 동작을 취할 수 있도록 도와주고 보완해 주는 역할을 하는 인간 심리의 중요한 요소가 된다.

긍정적인 자아와 자신감을 가지고 있는 사람들이 골프에서도 성공하는 확률이 높다.

골프에 알맞은 좋은 체격과 자질을 소유하고 있을지라도, 부정적인 생각과 느낌을 가지고 있으면, 게임은 어려워지고 잘 풀려나가지 않는다. 자기보다 잘하지 못하는 골퍼들과 라운딩 할 때에는 잘 치고 좋은 스코어를 내다가도, 자기보다 훨씬 잘 치는 고수나 프로 선수와 플레이를 하게 되면 자기 실력의 반도 발휘하지 못하는 골퍼들이 많다.

자기 실력 발휘를 하지 못하는 이유는, 고수 앞에서 갖게 되는 위축감 때문에 자신감을 가지지 못한 데에 원인이 있는 것이다. 골프 실력을 향상시키기를 원하면, 자기의 연습 방법이나 스윙 폼이 가장 옳고 아름답다는 자부심을 가지는 것이 중요하다. 이와 같은 마음의 자세를 지닐 때, 연습도 열심히 하게 되며, 이에 따라 실력이 향상될 수 있는 것이다.

④ 정서

골프 경기에 영향을 끼치는 심리적 요인에는 정서적인 요소를 빼놓을 수 없다. 인간이 행동을 행함에 있어서는 두 가지의 근본적인

에너지가 필요하다.

첫째는, 그 행동을 하고자 하는 동기이고,

둘째는, 그 일을 더욱 잘하고자 하는 정서이다.

골프를 하는데 있어서도 우선 하고자 하는 욕구가 발현되어야 하고, 다음은 더욱 잘하고 싶은 욕구가 뒤따라야만 잘할 수 있게 된다. 기분이 나쁘면 얼굴 표정이 달라지고, 말이 잘 안 나오며, 소화가 잘 안 된다. 반대로, 유쾌한 상태에서는 부교감 신경계가 작용하여 긴장을 해방하며, 위장의 활동이 활발해지고, 호흡도 조용해진다. 이는 교감 신경계와 부교감 신경계가 서로 조절하고 있기 때문이다. 그러면 구체적으로 정서가 골프 경기에 어떠한 영향을 끼치며, 어떻게 작용하는지에 대해 알아보자.

정서적으로 너무 긴장을 하지 않아서 골프 스코어가 나쁜 경우가 있는 반면에, 지나친 정신적 긴장 때문에 육체까지 긴장되어 근육이 굳어 바른 스윙이 되지 않은 경우도 있다. 예를 들면, 공이 벙커에 들어가거나 라이가 좋지 못한 곳에 떨어지게 되면, 자연히 흥분하고 긴장되어 스윙이 빨라지거나 오른쪽 팔에 힘이 들어가 미스 샷을 하게 된다.

안과 전문의에 의하면 긴장을 하게 되면 인간은 시력이 원만한 기능을 발휘하지 못하게 되어 착시 현상을 일으킨다고 한다. 골프공을 주시하고 있지만, 만일 쇼트 퍼트가 실패하지나 않을까 하는 두려운 생각을 하게 되면, 공이 희미하게 보여 조준도 정확히 안되고, 스트로크도 자신있게 하지 못해 홀컵을 빗나가게 되곤 한다.

연습장에서는 실수 없이 잘 치다가도 실제로 필드에 나가면 터무니없는 실수를 하는 골퍼들도 많다. 갑자기 바뀐 주위 환경에 의한 긴장이 되기 때문이다. 그런 사람은 인도어(Indoor)에서만 연습하지 말고 가능하면 오픈 레인지(Open range)나 필드에서 연습하는 것이 더욱 효과적일 수 있다.

미식축구와 같이 격렬(Wild)하고 동적인 스포츠에 있어서도 중요한 시기나 위급한 상태에 놓이게 되면 긴장하게 되듯이 정적경기인 골프 경기에서도 중요한 순간에 긴장하기 마련이다. 이렇게 긴장이 되는 경우에는 심호흡을 깊게 몇 번 하여 몸과 마음의 긴장을 이완시킨 후 평소의 루틴대로 스윙을 하도록 노력해야 한다.

매우 중요한 샷을 해야 하는 상황이나 원 퍼트가 애매한 거리에서 퍼트를 할 경우, 복잡한 기술이나 여러 가지 테크닉을 생각할 것이 아니라 매우 간단한 동작, 즉 그립을 정확히 잡았는지 확인해 본다거나, 헤드 업이 되지 않도록 각별히 조심을 하는 등의 기초적이고 단순한 동작에 신경을 쓰는 것이 효과적일 수 있다.

대체로 지형이 험한 코스에 가면 흥분하게 된다. 험하고 어려운 코스는 객관적인 일정한 기준이 있는 것이 아니고 오직 골퍼들의 마음속에 존재할 뿐이다. 그러므로 자신의 느낌에 어렵다고 느껴지는 코스에서 플레이할 때에는 감정이나 직관에 너무 집착하지 말고, 심호흡으로 냉정을 되찾은 후에 기본에 충실한 스윙을 하여 확률이 높은 골프를 하도록 노력하는 것이 최상책이다.

나. 골프 언중유골

라운딩 중 서로 주고 뱉는 말 중에는 뼈가 있는 말이 많다. 잘 새겨듣고 이해해야 그 날 Golf를 망치지 않는다.

• Driver Shot 한 볼이 별로 잘 맞지 않았는데도, 동반 Player는 "굿샷!"을 외쳤다.

→ '네 실력에 그 정도면 Good Shot이지!'

• Putting 한 Ball이 살짝 Hole을 빗나갔다. 동반자가 "나이스 퍼팅!" 외친다.→ 동반자의 속마음은 '오늘은 제법 하는데'

• Driver Shot을 평소보다 멀리 Fairway에 보낸 동반자가 캐디에게 "내 공 어디로 갔지? 찾을 수 있겠나?"→ 짧은 거리의 동반 Player 열 받게 한다.

• Putting한 공이 Hole을 많이 벗어났지만, 동반 Player는 큰 소

리로 Ok 준다.

→ Short Putting 연습할 기회를 없애는 것이다. Ok한 공을 Putting 하려면, 급히 서두르게 되어 정확한 Stroke도 어려워지고, Putting 실력도 향상이 안 된다.

• Putting이 성공해서 Birdie를 했다. 동반 Player가 "Nice Birdie" 하며 High Five를 해준다.

→ 속마음은 '오늘은 어쩌다가 운이 좋아 Birdie까지 하네, 다음 홀에는 버디 값을 좀 하겠지.'

• Round가 끝나고 식사하면서 "오늘 자네 Driver Shot은 일품 이었어!" → 드라이버샷 빼면, 아이언, 어프로치, 퍼팅은 모두 엉망이 었어.

• 90대 스코어를 기록한 Golfer가 "내가 지난번에는 이 코스에서 70대를 기록 했는데, 오늘은 컨디션이 안 좋아서 잘 안 맞았네."

→ 내가 실력은 있는데 오늘 컨디션이 안 좋아서 잘 안 맞는다고 한다.

• 상대방 : 너야 항상 컨디션 타령이지만 네 실력에 그만하면 잘 친 거지.

• 초보자가 Field에 나가서 경기를 마치자 동반 Player가 "아주 제대로 배우신 것 같습니다. 스윙이 참 좋습니다. 곧 싱글이 되시겠

습니다." → 초보자 땐 누구나 그런 소리 듣지만, 싱글이 되는 사람은 10%도 안 된다.

• "거리가 많이 느셨습니다. 코치 받으셨나 본데요?"

→ 어쩌다 한 번 잘 맞았지. 나 따라 오려면 멀었어.

• "아휴 요즘 거리가 해마다 10 Yard씩 줄어 들어" → (속마음) '그래도 내가 자네보다는 아직 많이 나간다.'

• "어제 새벽까지 술 마시고 나왔어." → 오늘 잘 안 맞아도 내 실력은 좋은 것을 알아줘라.

심리전 (상대방의 신경을 건드려서 상대의 Play를 무너뜨린다.)

① 첫 홀부터 Par 행진을 하는 동반 경기자에게 "참 잘 치십니다."

→ 지금까지도 잘 쳤는데 계속 잘 쳐서 무언가 보여주어야지 다짐하는 순간 Swing이 무너지기 시작한다.

② Water Hazard 앞에서 Shot을 준비하는 동료에게 "앞에 보이는 Water Hazard를 피해가야 하겠네요."

→ Water Hazard를 의식하는 순간 스윙이 경직되고 실수를 하면서 Hazard에 공을 빠뜨린다.

③ "지금까지 5 Hole 연속 파(Par)하셨네요."

→ 다음 Hole도 계속 Par를 해야겠다는 다짐을 하면서 힘이 들

어가고 스윙 템포를 잃으면서 실수를 하게 된다.

④ "어떻게 그리 똑바로 길게 보내세요?"

→ 자신감을 충만 시켜 힘들여 더 세게 치게 해서 스윙템포를 무너뜨린다.

⑤ "전반 Even Par시네요? 오늘 Course Record 세우시겠어요."

→ Course Record를 의식하게 되면서 긴장도가 높아지고 스윙은 무너지기 시작한다.

⑥ "Strong Grip을 잡으시고도 Fade Ball을 잘 치십니다." → 다음 홀부터 Grip에 신경 쓰다가 스윙이 무너지기 시작한다.

⑦ "Impact 시에 숨을 들이쉬나요? 내쉬나요?" → 들이쉬나 내쉬나 점검하다 Shot이 무너진다.

⑧ "어쩌면 스윙이 그리 한결같으신가요?" → 앞으로도 계속 좋은 스윙 보여주려는 욕심이 Swing을 무너뜨린다.

다. 골프 10계명

① 버디와 파를 추구하기 전에 동반자를 먼저 사랑하라. 동반자가 있기에 골프가 재미있는 것이다.

② 캐디의 실수는 너그럽게 용서하여 어떤 경우에도 캐디를 탓

하지 않으며 동반자의 배려(配慮)에 소홀함이 없고 자신에게 엄격하고 동반자에 관대하라.

③ 긍정적인 생각으로 자신 있게 스윙하고 어떠한 경우에도 멀리건(Mulligan)이나 컨시드를 기대하지 않는다. 소극적인 공략보다는 적극적인 공략(攻略)으로 오비와 해저드를 두려워 하지마라. 두려움은 아무것도 해결해주지 않는다.

④ 동반자가 아닌 자신과의 싸움임을 잊지 마라. 동반자의 실수보다는 자신의 실력으로 승부를 가린다. 승부에 대한 집착은 패전의 지름길이며 운이란 것도 길게 보면 공평하다는 것을 믿어라. 때로는 우정의 OB샷도 날리고 쓰리퍼팅으로 즐거움을 나누어라.

⑤ 자신이 치던 최고의 샷을 잊어버려라, 그날 컨디션에 맞추어 가장 성공확률이 높은 샷을 하라. 골프의 승패는 좋은 샷의 조합보다 미스샷을 얼마나 줄이느냐에 따라 결정된다. 70%의 힘으로 스윙하며 파와 버디를 기다리는 인내심을 키워라.

⑥ 내기 골프는 골프를 즐기기 위한 수단으로 생각하라. 골프에서 이성을 잃으면 18홀 내에 찾을 수 없다. 돈을 잃는 것은 작은 것을 잃는 것이지만 신용을 잃는 것은 모든 것을 잃어버리는 것이다. 즐거운 범위 내에서 내기를 하며 이겼을 때에는 아낌없이 전리품(戰利品)을 분배하고 화기애애한 분위기 속에 18홀을 떠나라.

⑦ 깨끗하고 품위 있게 집중한다. 골프가 안 되더라도 어떤 변명도 하지 말아라. 골프는 신사처럼 행동하고 용사처럼 플레이하는 것이다. 인간의 진실한 모습은 패했을 때 나온다. 아무리 내상(內傷)을 심하게 입어도 깨끗하고 품위 있게 패하며 매너를 갖추고 지갑을 열어라.

⑧ 룰을 정확히 지키고 라운드가 끝날 때까지 동반자에 대한 매너와 에티켓을 지켜야 한다. 아무리 기술과 기량이 뛰어난 플레이어라도 성숙된 플레이를 보여주지 못하면 비난의 대상이 된다. 정직한 라운드로 매너있고 에티켓과 예의범절을 지키는 골퍼로 기억되도록 하여라.

⑨ 하수에게 겸손을 잃지 않고 고수에게 예를 다한다. 골프는 학생보다 선생이 많은 유일한 스포츠다. 라운드 시 조언은 자제하고 기술적인 질문을 받았을 때 답변은 단순 간결하게 해준다. 비록 승부를 겨루지만, 동반자와 자연을 사랑하고 자연의 그 위대한 질서(秩序)를 거스르지 마라.

⑩ 좋은 골프장에서 맑은 공기 마시며 동반자들과 골프를 즐길 수 있는 것이 가족의 사랑과 희생 덕분이라는 것을 항상 생각하고 가족에게 감사하라. 필드를 걸으면서 동반자들과 라운드할 수 있는 것만으로도 인생(人生)의 행복으로 여겨라.